# ANTHOLOGIE
DE LA POÉSIE ACADIENNE

Tous droits réservés pour tout pays. © 2009, Les Éditions Perce-Neige
Dépôt légal / Premier trimestre 2009, BNQ et BNC

Œuvre en page couverture: DUGUAY, Guy, *After Helen Frankenthaler*, acrylique sur toile, Bois et fils d'acier, 122 x 91 cm, 1993.
Conception graphique: Jovette Cyr.

CATALOGAGE AVANT PUBLICATION DE BIBLIOTHÈQUE ET ARCHIVES CANADA

    Anthologie de la poésie acadienne / édition de Serge Patrice Thibodeau ; liminaire de Jean-Philippe Raîche.

(Collection Poésie)
ISBN 978-2-922992-49-6

    1. Poésie acadienne. 2. Poésie canadienne-française--21e siècle.
I. Thibodeau, Serge Patrice, 1959- II. Titre. III. Collection: Collection Poésie (Moncton, N.-B.)

PS8283.A3A68 2009      C841'.60809715      C2009-901236-7

DISTRIBUTION EN LIBRAIRIE
AU QUÉBEC
Diffusion Prologue
1650, boulevard Lionel-Bertrand
Boisbriand (Qc) J7E 4H4
Tél. : (450) 434-0306/1-800-363-2864
Téléc. : (450) 434-2627/1-800-361-8088

EN EUROPE
Diffusion du Nouveau Monde (DNM)
30, rue Gay-Lussac
75005 Paris (France)
Tél. : (01) 43 54 49 02
Téléc. : (01) 43 54 39 15

AILLEURS AU CANADA ET DANS LE MONDE
Les Éditions Perce-Neige
22-140, rue Botsford
Moncton (N.-B.)
E1C 4X4 Canada
perceneige.recf.ca
perceneige@nb.aibn.com
Tél. : (506) 383-4446
Téléc. : (506) 857-2064

    La production des Éditions Perce-Neige est rendue possible grâce à la contribution financière du Conseil des Arts du Canada et de la Direction du développement des arts du Nouveau-Brunswick.

    Ce livre est conforme à la nouvelle orthographe.
    www.orthographe-recommandee.info

# ANTHOLOGIE
# DE LA POÉSIE ACADIENNE

Édition de Serge Patrice Thibodeau
Liminaire de Jean-Philippe Raîche

## La poésie acadienne au 21ᵉ siècle

l'heure où nous sommes de plus en plus sollicités par la littérature-monde, alors que la poésie continue de s'écrire en français aux quatre coins des cinq continents ou des sept parties du monde, qu'est-ce que la poésie acadienne ? D'où vient-elle ? Quelle en est la spécificité ? Et d'abord, qu'est-ce que l'Acadie, et qui sont les Acadiens et Acadiennes ?

### L'Acadie de 1604 à 1880

n peu plus de trente ans après le massacre de la Saint-Barthélémy à Paris et dans diverses villes de France où vivaient des protestants français, le roi Henri IV accorde la permission au sieur Pierre Du Gua de Monts, un huguenot, de fonder en son nom une colonie française dans l'Amérique septentrionale. Ce dernier est accompagné d'un géographe et cartographe de talent, Samuel Champlain, originaire de Brouage, en Charente-Maritime, un homme qui sera plus tard le fondateur de la ville de Québec et qu'on surnommera le « père de la Nouvelle France ».

Après un premier hiver extrêmement rigoureux, et qui a décimé presque la moitié de la colonie sur l'île Sainte-Croix, dans l'actuel état américain du Maine, de Monts décide de transférer l'établissement à Port-Royal, dans l'actuelle province canadienne de la Nouvelle-Écosse. Port-Royal sera la capitale de l'Acadie, ou de la Nova Scotia, jusqu'à la fondation de Halifax en 1749.

On pense que l'appellation de la nouvelle colonie est due à l'explorateur Verrazano qui, en 1524, a donné le nom d'*Arcadie* au littoral nord-américain s'étendant de la péninsule de la Nouvelle-Écosse jusqu'à l'état de Washington. Une autre interprétation suggère qu'un terme mi'kmaq en serait l'origine et que *la Cadie*, ou *l'Acadie*, signifierait « terre fertile ». Quoi qu'il en soit, la colonie est désignée par le mot Acadie à partir du 17ᵉ siècle. C'est dans la *Relation du voyage du Port Royal de l'Acadie ou de la Nouvelle France* (publiée en 1708 à Rouen et en 1710 à Amsterdam) que Dièreville nous indique, dès 1699, que les colons français qui peuplent ce territoire se désignent eux-mêmes comme étant des Acadiens.

Pour résumer une histoire très complexe, disons que pendant un siècle et demi l'Acadie a été française ou anglaise une dizaine de fois, au rythme des conflits opposant les deux grandes puissances coloniales. Face à l'indifférence de la cour de Versailles, pendant le régime français, et pressés de prêter un serment d'allégeance à la couronne britannique, pendant le régime anglais, les Acadiens ont développé un sentiment d'indépendance peu banal. Ils voulaient bien obéir à qui les gouvernait, mais à la condition de ne pas prendre les armes contre un parti ou l'autre en cas de guerre. C'est la raison pour laquelle on les a qualifiés de *French Neutrals*, les Français neutres.

Ce sens de la diplomatie, plutôt novateur pour l'époque, allait leur être fatal. Alliés des nations amérindiennes de la région, et refusant systématiquement de prêter un serment d'allégeance inconditionnel à la couronne, les Acadiens n'inspiraient aucune confiance aux Britanniques. Ainsi a-t-il été décidé, avec l'accord ou non du roi George II, on ne le saura sans doute jamais, de les expulser de leurs terres en les déportant dans les treize colonies de la Nouvelle-Angleterre, en France, au Royaume-Uni et ailleurs. L'odieuse responsabilité de cette opération est généralement attribuée au gouverneur de la Nouvelle-Écosse, Charles Lawrence, que certains historiens accusent d'avoir usurpé les pouvoirs du roi.

Les déportations massives ont commencé à l'automne de l'année 1755 et se sont poursuivies jusqu'en 1763, tout au long de la Guerre de Sept ans. On estime que plus des trois quarts de la population acadienne a été déportée et que le reste a pu se réfugier plus au nord, dans la province actuelle du Nouveau-Brunswick et dans la vallée du Saint-Laurent, au Québec. Après la signature du traité de Paris en 1763, les Acadiens qui avaient échappé au Grand Dérangement ou qui sont revenus en Acadie ont été autorisés à occuper de nouvelles terres dans les provinces Maritimes du Canada, des terres parfois situées à des distances considérables de celles qu'ils avaient défrichées dans la péninsule de la Nouvelle-Écosse, le long de la baie de Fundy.

Pendant plus d'un siècle, de 1763 à 1880, le peuple acadien s'est employé à s'enraciner dans cette partie du monde qu'il ne voulait pas quitter. Nourris des ressources de la terre, de la forêt et de la mer, les Acadiens et Acadiennes ont fait preuve de résilience en vivant humblement selon les valeurs que leur avaient léguées leurs ancêtres : la langue française, la culture populaire transmise oralement et l'exercice de la foi catholique. Dans de telles conditions de vie, on imagine aisément que, même s'il composait des chansons, des contes et des complaintes, le peuple acadien pouvait se passer d'une littérature écrite.

### Naissance d'une écriture acadienne : de 1860 à 1960

Dès la seconde moitié du 19ᵉ siècle, le peuple acadien s'est doté d'institutions d'enseignement et d'organes de diffusion qui ont grandement contribué à l'émergence d'une écriture acadienne. Des journaux de langue française ont vu le jour et, tout comme dans le cas du Québec voisin, plusieurs personnalités de l'élite acadienne y ont publié des poèmes, signés ou non de pseudonymes.

Le clergé a joué un rôle non négligeable en encourageant les étudiants à monter des pièces de théâtre et à écrire de la poésie selon des règles académiques éprouvées. Aussi louables que furent ces initiatives, ce n'étaient là que les premiers balbutiements de ce qui deviendra plus tard une véritable prise de parole nécessaire à l'élaboration d'un corpus littéraire digne de ce nom.

Au cours de la première moitié du 20ᵉ siècle, les romanciers et les poètes acadiens publiaient soit à compte d'auteur, soit chez des entreprises d'édition québécoises dont plusieurs étaient dirigées par des membres du clergé. La poésie était le parent pauvre de cette littérature en émergence ; par exemple, l'éditeur Fides n'a publié que 14 livres de poésie sur un total de 1 300 titres entre 1940 et 1960. Deux de ces recueils de poésie sont signés par les prêtres acadiens Napoléon Landry et François-Moïse Lanteigne.

Il faudra attendre la Révolution tranquille au Québec pour voir apparaitre davantage de maisons d'édition laïques qui joueront un rôle primordial dans la publication et la diffusion de la poésie québécoise et même acadienne, notamment les Éditions de l'Hexagone à Montréal, fondées en 1953 par le poète Gaston Miron et cinq de ses amis.

Les auteurs acadiens sauront en profiter. Antonine Maillet a publié son premier roman en 1958 chez Fides et Ronald Després a fait paraitre son premier recueil de poésie aux Éditions d'Orphée la même année, toujours dans la métropole québécoise. Il suffira d'une quinzaine d'années de plus pour que les auteurs acadiens aient enfin la chance de publier chez eux dans une maison d'édition acadienne.

### De 1960 à 1980

es années 1960 ont vu leur lot de révolutions, pour ne pas dire de révoltes et de contestations étudiantes dans plusieurs pays. L'Acadie du Nouveau-Brunswick n'y a pas échappé. Le Québec vivait sa Révolution tranquille au moment où le paysage politique et social de la province du Nouveau-Brunswick se transformait radicalement. Pour la première fois depuis sa fondation en 1784, un Acadien était élu premier ministre de la province avec son programme *Chances égales pour tous*, qui allait projeter dans la modernité cette microsociété principalement rurale.

Parmi les réalisations les plus éclatantes de Louis J. Robichaud, la création de l'Université de Moncton et la Loi sur les langues officielles ont eu un impact considérable, entre autres, sur le développement exponentiel de la littérature acadienne en général et de la poésie en particulier. Le français avait enfin droit de cité dans la seule province officiellement bilingue au Canada, le Nouveau-Brunswick, qui a par ailleurs obtenu le statut de gouvernement participant à l'Organisation internationale de la Francophonie en 1977. Le prix Goncourt décerné à Antonine Maillet en 1979 a incité les écrivains et les poètes acadiens à s'affirmer et à occuper la place qui leur revient dans la Francophonie.

Fondée en 1963, l'Université de Moncton a joué le rôle d'incubateur pour la poésie acadienne contemporaine. On y a donné des ateliers d'écriture à la fin des années 1960, et des professeurs de littérature ont participé à la fondation des Éditions d'Acadie en 1972, la toute première maison d'édition acadienne destinée aux auteurs acadiens.

Il n'est pas étonnant que le premier livre publié ait été un recueil de poésie, justement intitulé *Cri de terre*. Ce recueil de Raymond Guy LeBlanc a marqué d'une pierre blanche l'histoire littéraire de l'Acadie.

## De 1980 à demain

En décembre 1980, la fondation des Éditions Perce-Neige à Moncton, au Nouveau-Brunswick, donne une autre configuration au monde du livre en Acadie. La coopérative était alors animée par de jeunes poètes qui se sentaient délaissés par les Éditions d'Acadie, parfois indifférentes à la poésie des auteurs émergents, symbolisés par cette fleur qui est la première à éclore au printemps. Dès le départ, les Éditions Perce-Neige pouvaient compter sur l'appui de poètes reconnus. C'est ainsi que ces étudiants ont rassemblé une nouvelle génération de poètes acadiens contemporains, publiés chez eux, en Acadie.

Après une légère éclipse de trois ans à la fin des années 1980, la maison a été reprise par de jeunes poètes qui ont contribué à leur façon à insuffler un nouvel élan à la poésie acadienne contemporaine. Puis, au début des années 1990, le poète Gérald Leblanc se joint à eux et devient le principal animateur et le directeur littéraire de la maison jusqu'au printemps 2005.

Le mandat premier des Éditions Perce-Neige est encore de publier de jeunes poètes francophones des provinces canadiennes de l'Atlantique et d'encourager la création littéraire en français, mais elle se consacre aussi à la sauvegarde et à la diffusion du patrimoine littéraire acadien. La maison d'édition opère principalement sur quatre territoires géographiques et politiques distincts, pour un bassin de population de 350,000 francophones, dont 250,000 vivent au Nouveau-Brunswick.

Perce-Neige est un organisme sans but lucratif subventionné par le Conseil des Arts du Canada et par la Direction du développement des arts du Nouveau-Brunswick. La maison d'édition publie de six à huit titres par année dans ses différentes collections : Poésie, Prose, Essais et Documents, Mémoire et Acadie tropicale. Bon an, mal an, avec ou sans coédition, les Éditions Perce-Neige ont réussi à monter un catalogue de plus de 125 titres regroupant une soixantaine d'auteurs.

En un quart de siècle seulement, cette entreprise de microédition, tout comme la littérature acadienne contemporaine, est passée du statut de curiosité régionale à celui d'une véritable institution littéraire reconnue aux niveaux national et international. Vivant avec son époque, Perce-Neige imprime ses livres sur du papier certifié ami des forêts anciennes et, depuis 2005, tous ses livres sont publiés conformément aux rectifications orthographiques recommandées en 1990 par l'Académie française, telles qu'enseignées dans les écoles francophones du Nouveau-Brunswick.

Aujourd'hui, les poètes acadiens sont lus, entendus et invités à participer aux principales manifestations littéraires et poétiques, nationales et internationales. Ils sont actifs au Festival international de la Poésie de Trois-Rivières ; au Marché francophone de la Poésie de Montréal ; au Printemps des Poètes ; au Marché de la Poésie de Paris ; au Festival international de la Poésie de Namur, en Belgique.

Un prix international portant le nom d'un poète acadien a été créé en 2005 à Paris par l'association La Nouvelle Pléiade : la Mention Gérald-Leblanc du Grand Prix international de la poésie de langue française Léopold-Sédar-Senghor. En mars 2008, la revue *Ici & Là*, publiée par la Maison de la Poésie de Saint-Quentin-en-Yvelines, en France, consacrait un dossier spécial à des poètes acadiens. Au mois de juin suivant, trois d'entre eux amorçaient une première tournée internationale en France et en Belgique, organisée conjointement avec la Fédération européenne des Maisons de la Poésie.

Au pays, l'Université de Moncton continue de jouer un rôle très important ; les poètes y sont invités régulièrement et on leur offre même la possibilité de profiter d'une résidence d'écrivain avec la contribution du Conseil des Arts du Nouveau-Brunswick.

Une vingtaine d'années passées, personne n'aurait osé imaginer que le poète acadien Herménégilde Chiasson puisse avoir un jour le privilège et l'honneur d'occuper avec brio l'imposante fonction de lieutenant-gouverneur du Nouveau-Brunswick.

Et demain ? Eh bien, la mise en place d'une politique du livre par le gouvernement du Nouveau-Brunswick permet d'espérer que le chemin parcouru ne l'aura pas été en vain, et que l'essor de la poésie acadienne ne sera pas interrompu dans sa continuité.

## Spécificité ?

Les motifs de la poésie acadienne se retrouvent-ils dans d'autres corpus littéraires francophones ? Qu'est-ce qui lui appartient en propre ? On observe entre autres dans cette poésie le phénomène identitaire et ses dérivés ; le temps cyclique et les quatre saisons clairement démarquées ; le rapport à la langue et les variantes du français qui surprennent par leur nombre et leur diversité dans un si petit bassin de population ; l'usage baroque des symboles de la foi catholique romaine ; le profond sentiment d'appartenance à l'Amérique ; la convivialité avec la langue anglaise et les langues étrangères ; les pôles contradictoires que sont l'appel de la route et les gestes banals du quotidien ; l'inquiétante étrangeté des Vieux Pays et de l'Europe du 21$^e$ siècle ; une forme d'autodérision débridée ; le contact direct et physique avec l'environnement, pour ne pas dire l'interprétation inventive de l'écosystème et du cyberespace où et d'où l'on écrit. Autant de thèmes et de motifs que recoupent d'autres corpus venus de cultures diverses.

La poésie acadienne oserait-elle prétendre offrir sa propre lecture des archétypes universels ? Et l'histoire, avec ou sans majuscule, quelle place prend-elle, le cas échéant ? Les poètes acadiens contemporains ont-ils gardé en mémoire le Grand Dérangement ? L'ont-il écrit ? Les allusions à ce fait historique sont plurielles dans leur forme et leur intention, parfois timides, ironiques ou exaltées, mais toutes relèvent de procédés littéraires qui permettent de fusionner le singulier et l'universel, sans adopter pour autant une attitude passéiste.

Peut-on s'aventurer à dire que la poésie acadienne est unique en ce sens qu'elle permet d'archiver le passage de l'oral à l'écrit, dans une microsociété qui ne cesse de penser à demain ? Bien sûr, une lecture attentive de cette poésie nous propose plusieurs pistes à suivre, et les différentes démarches et postures de ces poètes sont là pour nous guider comme autant de balises, de feux de circulation et de panneaux routiers.

## L'anthologie

D'après Larousse, le mot anthologie vient du grec *anthos*, fleur, et *legein*, choisir. Bouquet, platebande ou jardin, les poèmes présentés dans ces pages ont forcément fait l'objet d'un choix, avec les conséquences bonnes, moyennes ou mauvaises que cet exercice implique.

La grande majorité des poètes acadiens de cette anthologie sont nés ou ont élu domicile sur un immense territoire que les médias de la métropole parisienne appellent joliment *les provinces canadiennes de la façade atlantique*, en l'occurrence les territoires géopolitiques du Nouveau-Brunswick, de la Nouvelle-Écosse, de l'Île-du-Prince-Édouard et de Terre-Neuve-et-Labrador. On y retrouve aussi trois poètes cadiens de la Louisiane, aux États-Unis d'Amérique, et, parmi les femmes, des poètes qui sont nées au Québec et même aussi loin qu'au Vietnam.

Un peu moins d'une dizaine de poètes de cette anthologie nous ont quittés, mais une quarantaine de poètes vivants y sont rassemblés, issus de quatre générations ; tous ces poètes sont des hommes et des femmes nés entre 1884 et 1983.

Inévitablement, de nombreux poètes brillent par leur absence de cette anthologie d'éditeur. Par contre, plusieurs nouveaux noms en ont remplacé d'autres ou se sont ajoutés à ceux rassemblés en 1999 dans une anthologie de Claude Beausoleil et Gérald Leblanc, publiée en coédition avec les Écrits des Forges, à Trois-Rivières.

Le territoire couvert s'est considérablement élargi depuis, comme on l'a vu, s'étirant de Terre-Neuve à la Louisiane, de la baie des Chaleurs au golfe du Mexique en passant par la baie Sainte-Marie.

Sauf indication contraire, presque tous les poèmes présentés dans cette anthologie ont été extraits du catalogue des Éditions Perce-Neige ; ces pages sont en quelque sorte la carte de visite — et l'invitation au voyage — d'une petite maison d'édition qui se consacre témérairement à faire connaitre la poésie acadienne aux francophones et aux francophiles du monde entier.

Serge Patrice Thibodeau
Moncton, 2009.

## Écrire, combattre

a plupart des langues émergent, s'installent, par la conquête, la colonisation ou le commerce. Elles périssent de la même manière.

En Acadie, le français n'est plus la langue de l'empire, ni celle de la métropole, pas plus que celle du comptoir ou du trust; il ne sait d'ailleurs pas nommer les oripeaux, les ors, la vanité des habits neufs. C'est que très tôt, vainqueurs, maitres et marchands se sont passés de lui; l'empire s'est fait britannique, la métropole londonienne et le commerce anglais. Deux siècles durant, ce français-là n'a su nommer que la blessure de la Déportation, de l'errance ou de la clandestinité, de l'isolement, de la ségrégation. Il y aurait de quoi haïr très longtemps.

Nous n'avions pas d'armes. Nous avions Dieu, et ses thuriféraires. On nous a dit que nous étions le peuple élu; que notre douleur en attestait. Deux siècles durant nous avons attendu, timides, timorés, que vienne ce Dieu-là. En vain. Il y aurait de quoi maudire et se maudire.

Au milieu du siècle dernier, après avoir trop attendu, nous avons investi la langue, seul bien que nous ayons jamais possédé, pour en faire un lieu d'affrontement entre obscurantisme et lumières. Alors que résonnaient du haut des chaires les imprécations, l'humanisme se transmettait sous le manteau. C'est ainsi que le français, à cause duquel puis par lequel nous avions été asservis, s'est révélé à nous comme véhicule d'une pensée enfin possible.

En Acadie, l'histoire n'est pas assez française pour que le soit la langue. Là où trois cultures se croisaient — la française, l'amérindienne et l'anglo-saxonne —, la langue qui ne dominait pas ne pouvait être que métisse. Et c'est ce qu'elle est devenue: métisse en tant que véhicule d'une identité sans cesse remise en question. Depuis, elle porte l'Autre, l'assimile sans pour autant s'y assimiler et s'érige en rempart contre les dérives d'une identité qui prétendrait à la pureté. C'est en cela que réside désormais le caractère universel et humaniste du français d'Acadie.

Les Acadiens n'ont aucun mérite a avoir fait de leur langue ce qu'elle est aujourd'hui. Ils y ont été obligés, il leur fallait survivre. Lorsque qu'ils parlent, en France ou ailleurs, de leur survie, ils ne se plaignent pas, ne quémandent rien. Ils offrent leur expérience de la langue et ce faisant, cet Autre qu'elle porte.

La plupart des langues émergent, s'installent, par la conquête, la colonisation ou le commerce. Elles périssent de la même manière. Mais avec le concours de la haine.

Dans l'histoire de l'Acadie, il restera toujours de quoi haïr très longtemps. Et la première menace que nous ayons à contenir, c'est en nous-même qu'il nous faut la chercher. Écrire, en Acadie, est un combat sans fin, celui de la langue, de toute langue digne de l'Autre qu'elle porte.

Jean-Philippe Raîche
Paris, 2008.

*Ce texte a paru dans* Poésies de langue française : 144 poètes d'aujourd'hui autour du monde, *une anthologie présentée par Stéphane Bataillon, Sylvestre Clancier et Bruno Doucey, Paris, Seghers, 2008.*

*À la mémoire de
Napoléon Landry, François-Moïse Lanteigne, Eddy Boudreau,
Gérald Leblanc, Ulysse Landry, Judith Hamel et Martin Pître.*

## Anonyme c. 18ᵉ siècle

*Tout passe*

Sous le firmament,
tout n'est que changement,
tout passe;
et quoi que l'homme fasse,
ses jours s'en vont courant
plus vite qu'un torrent,
tout passe.

Grande vérité:
hormis l'éternité,
tout passe;
faisons valoir la grâce,
le temps est précieux,
tandis que sous nos yeux
tout passe.

Les petits, les grands,
les charges et les rangs,
tout passe;
chacun prend une place
et disparait un jour;
dans ce mortel séjour
tout passe.

Comme le vaisseau
qui glisse au loin sur l'eau,
tout passe;
il n'en est plus de trace,
ainsi vont les honneurs,

les biens et les grandeurs,
tout passe.

Jeunesse et beauté,
plaisir, force et santé,
tout passe ;
tout se flétrit, s'efface,
rien ne résiste au temps :
comme une fleur des champs
tout passe.

Tel est notre sort :
il faut que par la mort
tout passe ;
le juste qui trépasse
peut dire avec bonheur :
combat, chagrin, douleur,
tout passe.

Heureux le passant
qui va toujours pensant
tout passe ;
rien n'est plus efficace
pour supporter nos maux
que ces deux simples mots :
tout passe.

## Napoléon Landry 1884-1956

*Poèmes acadiens*, 2004, collection Mémoire

*La Petitcodiac*

*Marée descendante*

Quelle vie ardente est la tienne
Rivière de mon fier pays !
Qu'un passant ait pour toi mépris,
Moi je t'aime et t'appelle mienne.

N'es-tu pas une sœur du Nil ?
L'Acadien, sur toi, ne vint-il
Pas d'exil ? N'es-tu pas l'artère
Qui palpite au flanc de la terre,
Qui charrie un flot rouge et fort
Et sème la vie à plein bord ?
Lorsque la lune, rouge et ronde,
Déclenche un rythme étrange à l'onde
Et que l'heure sonne au cadran,
Rivière, vers ton Océan
Tu te déverses tout entière
Et dans ta béante litière
Étales au ciel étonné
Le Grand Rocher tout satiné
De goémon et cette épave
Aux mâts brisés, couverts de lave
Qui les bras tendus vers le ciel
Exhale un suppliant appel
Dans l'espace où tout agonise
Un sable implacable l'enlise !
Le vent plus sonore, le soir,

Prend son vol dans ton entonnoir.
Ton gouffre aux falaises rougeâtres
Se creuse. Des amphithéâtres
Se dessinent lointains, profonds,
Comme un abime, en ces bas fonds.
De grâce, écoute ma requête,
Mer ! Ne va pas plus loin ! Arrête !

### *Marée montante*

L'Océan, à bout se refoule.
En bas du cap Rouge, la houle,
D'un tintamarre de clairons,
Mobilise ses escadrons,
Et tel qu'un Titan sous la nue,
Se démène et passe en revue,
— Dieu sait pour quelle invasion —
Sa formidable légion.
Ici, à nos pieds le rivage
Oppose une épaule sauvage
À l'effort de la haute mer.
À l'horizon brille un éclair ;
Le cap Enragé, dans la brume,
Projette un front blême qui fume...
Un court moment, où tout se meurt,
Suscite, en l'air, de la stupeur.
Déjà la vague au large ondule,
Et pour le combat s'accumule,
Ainsi qu'un coursier trop ardent
Piaffe, prend le mors aux dents,
Hennit, bondit, se cabre, écume...
Le phare à la Pointe s'allume
Prends vite ton vol sur le vent,

Gibier à la huppe d'argent!
Ralentis tes feux, grande lune!
Tiens fort tes cavales, Neptune!
Pêcheurs ne soyez pas surpris!
La vague en démence s'apprête
Au combat. — Une énorme crête
Se courbe, prend son galop
Engloutit tout, carène, ilot,
Attaque les flancs de la terre,
Roule et gronde comme un tonnerre,
Rage, écume, crinière au vent,
Et triomphalement reprend,
Puisque l'heure au vieux cadran sonne,
Le domaine que Dieu lui donne.

Ô rivière de mon pays
Quelle vie ardente est la tienne!
Qu'un passant ait pour toi mépris,
Moi, je t'aime et t'appelle mienne!


### La bataille de Grand-Pré

Baïonnette au canon, la colonne s'engage,
Tourne la palissade, enfonce des remparts,
Escalade des murs, et d'un affreux carnage,
Semant partout la mort, taille de part en part
Les saillants, les glacis, comme quelqu'un qui fauche.
Les portes sur leurs gonds tournent avec fracas.
Un combat corps à corps s'acharne sur la gauche,
S'arrête, et recommence à coups de coutelas,
Ne semant qu'épouvante au bruit de la bourrasque,
Et ne laissant partout que des mares de sang.

La batterie anglaise un moment se démasque,
Allume ses feux, jappe et morcèle nos rangs.
Un peloton l'assaille et d'un éclair l'abime.
D'un bastion central, forteresse à créneaux,
Éclate un feu mortel qui déjà nous décime.
Avancez, dit un chef, par delà les coteaux,
Puis allongez la ligne et faites-lui ceinture,
Qui, sans jamais lâcher, l'enserre d'un carcan.
Un formidable assaut en tente la rupture,
Mais la ligne d'acier, sans bouger d'un seul cran,
Ainsi qu'un tourniquet, resserre encore sa chaine…
L'état-major anglais prévoit un guet-apens,
Et devant tous ses morts qui jalonnent la plaine,
L'armée anglaise, enfin, capitule et se rend.

### *La victoire*

Toutes les voix en chœur proclament la Victoire !
Les nuages s'en vont, sous un ciel empourpré,
Et l'aurore revoit, dans un rayon de gloire,
Flotter le drapeau blanc aux cimes de Grand-Pré.

## François-Moïse Lanteigne  1885-1964

*Épilogue*
*L'Odyssée acadienne*, Fides, 1955

Debout au pied du monument de pierre
    Qui marque au cimetière
La vieille tombe où repose Winslow
    Je méditais tout haut.

Ici, tu gis en face de l'église,
    Et ta cendre surprise
Entend les pas des gens qui tour à tour
    Entrent là chaque jour.

Quand à l'autel du temple du village,
    Par ta ruse sauvage,
Tu déclarais captifs au nom du roi
    Mes aïeux tassés sous ce toit;

Quand par le feu dans le hameau prospère
    Par ton ordre sévère,
Tout fut détruit sous les cieux stupéfaits
    De voir tant de forfaits;

Pensais-tu donc, Winslow, que l'Acadie
    Serait toujours sans vie?
Le pays est rempli des dispersés
    De deux siècles passés.

### *Le calice*
*Lyre d'Acadie*, Fides, 1951

*Ce calice, Seigneur, qu'il s'éloigne de moi,*
Dit le Sauveur sous le coup de l'émoi ;
Car bientôt de sa chair ouverte
Son sang teindra l'herbe verte.
Aux apôtres témoins
Il dit : *Ah ! du moins*
*Que la prière*
*Persévère.*
De plus,
Jésus,
Sous l'empire
De la crainte transpire
Son sang divin.
Demain
Au Calvaire,
Sous l'œil sévère
Du perfide pharisien,
Jésus-Christ le Nazaréen
Offrant pour nous le sang qui nous délie,
Boira l'amer calice, en croix, jusqu'à la lie.

## La bataille de Restigouche
*L'Odyssée acadienne*, Fides, 1955

Dans le Nouveau-Brunswick, une baie historique
Fut le témoin jadis d'un combat héroïque.
Ici le Restigouche y déferle ses eaux
Trop longtemps contenues par de riants coteaux :
Et l'on voit, alentour, les monts bleuir leurs crêtes
Là-bas à l'horizon où le regard s'arrête,
Baignant de cap en cap sous leur verte couleur
Leurs pieds dans les flots bleus de la baie des Chaleurs.
Un des derniers combats de la fameuse guerre
Qui mit notre pays aux mains de l'Angleterre,
Eut lieu dans cette rade, entre le Scarborough,
Le Repulse, le Fame et deux autres vaisseaux
Du commandant Byron, d'un côté ; l'Espérance,
Marloze, le Machant, le Bienfaisant de France,
De l'autre. Ces derniers étaient le seul renfort
Qu'attendait de Vaudreuil pour son suprême effort
De dix-sept-cent-soixante. Or, de Danjac en route
À mettre les vaisseaux de l'Angleterre en déroute
Avait perdu du temps. Il vit ses ennemis
Venir le rencontrer sur les flots accalmis
Du fleuve Saint-Laurent. N'ayant plus de passage
Pour se rendre à Québec, le parti le plus sage
Était de se lancer dans la baie des Chaleurs.
Dissimulant sa rage ainsi que sa douleur
De Danjac remonta le cours du Restigouche
Pour pouvoir échapper à l'ennemi farouche.
Il trouva sur ces bords quinze-cents déportés
Sur l'ordre de Lawrence en ces lieux transportés.
L'aspect du beau drapeau fleurdelisé de France
Semblait leur annoncer la fin de leur souffrance.

De Danjac fit descendre alors plus d'un canon
À la Pointe-la-Garde où de Brassard le nom
Fut immortalisé. Deçà la batterie
Les vaisseaux nourriraient le feu d'artillerie.
Quand le huit de juillet, le soleil au levant
Blanchissait l'horizon, Danjac vit que le vent
Poussait résolument les voiliers du corsaire.
De peur que l'ennemi ne vienne et ne l'enserre
Il ouvre un feu nourri sur les vaisseaux anglais,
Mais l'amiral Byron plus vite l'encerclait,
Coulant deux bâtiments, réduisant au silence
Les canons de la Pointe. Alors, Danjac s'élance
Jusqu'à Restigouche avec le Bienfaisant.
Pressé par les Anglais, il vit chemin faisant
Que tout était perdu. « Si Byron veut me prendre,
Qu'il vienne maintenant, mais Danjac pour se rendre,
Jamais. » Au même instant, la poudre mise en feu
Sautait ; et pendant que dans le firmament bleu
Une épaisse fumée en tourbillon s'élève,
Un régime nouveau sur le pays se lève.

**Eddy Boudreau 1914-1954**
*L'arbre vaincu*, 2003, collection Mémoire

*L'arbre vaincu*

Dans l'aube pâle, on voit se profiler l'automne,
Le paysage est triste, le parterre agonise.
La frondaison joyeuse a mué son décor.
Ce matin, la brise fuyante a pleuré toutes ses feuilles.
Dans le jour qui s'avère, on perçoit des sanglots :
l'herbe qui frissonne, une douleur qui s'épanche.
Les choses ont une âme, les arbres ont reçu la vie ;
mais une vie qui retourne à la terre,
comme la vague qui expire aux abords de la grève.
Pauvre feuille qui git, qu'un trottin piétine !
Dans la verte saison, je t'ai vue au labeur :
prodiguer ta couleur à l'homme qui s'émeut,
servir à l'étoile le rêve et l'amour,
offrir au poète le rythme de ses chants.
L'aile vagabonde s'hébergeait dans tes bras ;
aux soirs indicibles modulait sa rumeur.
À l'heure du repos, on est venu prier.
Sous le charme qui tressaille, la joie s'incarnait.
Pauvre feuille, la proie du zéphyr !
Il faudrait pleurer en te voyant couchée sur le sol.
« Pauvre feuille qui git ! »

Soir nostalgique où la splendeur s'efface.
Nuit silencieuse, triste et froide.
Le murmure du vent semble bercer la détresse.
La rue où je loge est déserte et frileuse ;
parfois, une ombre passe comme un bruit de soupir.
Appuyé à ma fenêtre, je sens frémir les heures.

Automne, tu fais naitre dans mon sein une douleur infinie.
Tu es la Muse qui enchante, mais que m'apportes-tu ?
Chagrin, réclusion, amertume !
Une joie sans lendemain !
Pour briser la chaine qui m'entoure, je suscite le mystère.
Je nomme le destin perfide et déloyal ;
j'énumère tous les maux dont je souffre par lui :
j'aspire au soleil, mais je m'épuise dans l'ombre.
Ah ! je suis l'arbre gigantesque, aux branches dénudées ;
le chêne imposant, plein de force, mais sans beauté,
qui résiste aux tempêtes, se dressant comme un spectre !
On foule à mes pieds les feuilles de ma jeunesse :
souvenirs, illusions, espoir et souffrance !
« Mais ce coup qui m'a frappé m'a préservé peut-être. »

Du grand désespoir nait le précieux bonheur.
L'adversité n'est qu'une étape à franchir.
Le sort ourdit dans le mystère.
Enfin, l'homme se renouvèle et la vie est un prélude.
Or, je vide le temple de mes pensées.
Le mal dont je souffre se confine dans l'extase.
Et puis, le ciel est prodigue.
Vivant, j'étais muet. Malade, Dieu permet que je chante.
Je dis à mes frères les choses magnanimes ;
j'enseigne le bonheur en consultant les dieux.
L'adversité n'est qu'une étape.
La joie a pour symbole une plante brisée.
La terre est un charme qui sans cesse inaugure.
Tout passe. Bientôt, nous verrons la forêt qui s'éveille.
Au rythme doux et lent, les ruisseaux vont chanter.
L'oiseau, pour prier, viendra sur les rameaux.
Il ne faut pas gémir devant les lois suprêmes,

car au frimas de l'hiver succèdent des rayons d'or.
« Toute chose du malheur doit porter le baptême. »
Et l'homme pour survivre a besoin de pleurer.

## *Hymne à la Vierge*

Dans nos cœurs impuissants, brisés par l'inquiétude,
beaucoup d'espoir se révèle en ce jour marial.
L'aurore est immense et les cloches nous émeuvent.
Dans le court sillon d'un bonheur éphémère,
comme une étoile au céleste bercail,
là-bas où le jour recommence,
une fresque de la Vierge se balance à l'horizon.
À nos yeux si charnels, elle offre une pure flamme ;
elle convie tous les êtres au sommet du mystère.
Son cœur de mère préconise plus d'amour ;
son message, comme une fleur, étale son parfum.
Quand monte de la terre le gémissement des hommes,
quand le feu de la guerre menace notre monde,
que des voix rugissantes font naitre l'amertume,
il fait bon regarder cette madone au sourire.
Sur un socle d'azur, elle s'adresse aux humains.
Comme la pluie et les vents, son langage est du ciel.
(Une voix chaude et prenante que la nature anime !)
Hélas, malgré ses reflets sans nombre,
beaucoup ne verront pas cette lumière jaillissante !
Sous les dômes de la foi où s'éveille la prière,
Marie vient chanter pour nos âmes en détresse.
Mais trop sublime est son chant pour la foule en délire.
L'homme ne veut plus s'éloigner de la fange ;
le vertige de l'abime a rétréci son âme.
Le travail qu'il assume est souvent sacrilège,

et sa vie lui échappe au milieu des symboles.
La coupe du plaisir se déverse sur le monde.
Or, des consciences humaines, la paix se dégage.
Mais l'espérance s'inaugure dans l'aube qui grandit.
Un cri de triomphe envahit tous les cœurs,
et le mensonge à cette voix s'atrophie lentement.
On revoit l'innocence sur les traits de la Vierge,
on fait trêve au désir en ce jour ineffable,
et plein de confiance, l'univers s'agenouille.
Vierge de Grand-Pré, patronne de mon pays,
permettez à la terre une conquête de l'amour.

### *Rien ne demeure*

[…]

Seigneur, j'ai compris et je veux mon destin.
J'ai compris qu'en accueillant la souffrance,
Il nous faut prendre ton mystère.
Renoncer aux splendeurs que tu voiles au désir !
Sans doute, il est bon d'admirer ta beauté.
« L'enfer est divin dans l'extase du Dante »
et le soleil se pose sur les fleuves de boue.
Cependant, tout doit finir : la poésie comme le rêve.
Partout, surgissant des atomes,
Mille voix nous précisent :
« Souviens-toi que sur terre il n'est rien d'immortel !
*Rien ne demeure*. Tout passe et doit finir.
Tout passe et s'apprête à mourir ! »

**Roméo Savoie 1927**
*Une lointaine Irlande*, 2001

*toucher des lèvres*

sourires cachés
à l'envers des visages
le repli des rides des gants
d'acier

pour des raisons inutiles
un robot perdu dans
la mémoire pourrait être
celui qui invente
ou
la flèche de cupidon
traversant l'idée pourrait être
le sourire de l'âme

mes doigts touchent
des lèvres pour y enfouir
le secret de la voix

*l'éclat des peurs*

graffigner la peau
avec des doigts d'océan
partir l'œil aux aguets
être le troubadour de tes rêves
l'année des tornades
l'éclat des peurs

Roméo Savoie

partir
n'est qu'une longue absence
à contempler les glaces
à voir des lamas partout
à devenir dingue complètement
à rechercher une étoile
l'éclat des peurs
arriver


*l'arche de noyé*

sous le pli des lenteurs
se poser la question
douleur
voir l'abime dans le pas
sous la chute dans l'œil
marcher sous la pluie
cinéma tai-chi tard
dans le noir
revoir tous les gestes
puis le mot arrogance
refaire l'histoire de loin
lancer des pierres
penser douleur


*yeux d'ébène*

regarder la nuit
avec des yeux d'ébène
le regard rougi
comme des couteaux

trajets rapides témoin
de désirs et de craintes
la peur traverse tout
même à distance
écouter Jarrett oublier
le froid le silence
la terre peut tout
engouffrer

## *Ève (d'Évangéline)*

elle regardait le large
entendait des cris des sanglots
le désir de fuir
échapper aux paroles
avec des ballons dans la gueule
vents sifflants

la langueur des amours
tourne autour du feu
elle parle
dans l'effervescence des vagues

regarder de loin

l'histoire ne laisse de place au texte
il chevauche d'autres idéaux
quitter le feu la terre l'amant

l'ennemi est celui
qui viole le pacte
elle émerge du noir près du feu

là où l'on fuit
l'odeur de cambouis de bois brulé
la route aux accents étranges
de Grand-Pré à la Louisiane
de Kouchibouguac à...


*café zénob*

on chercherait des noms
de rues ou de cathédrales
près des rivières
au nombre de trois
pour fêter la magie des mots
en phrases chantantes
pendant
que le monde pourchasse
l'accent circonflexe sur le Â

la pluie tomberait
comme aux mauvais jours
on pratiquerait
la grande enjambée
au-dessus des flaques
ritournelles répétitives
sautant par dessus les craques
des trottoirs inondés

juchés sur des caisses
on parlerait de roseraies
de toundras
enlacés grelottants

viendrait ensuite le temps
d'embaumer l'air de paroles
faire couler entre les lèvres
des mots conjugués depuis l'enfance
des mots comme des plumes
pour chasser la cruauté
en échange
de sourires complices

***blizzard***

en voyant l'étendue blanche
des monceaux de glace
joncher les plages
le blizzard rompre le silence
chahuter sous les combles
parfumer les ateliers de fumée
posséder la frayeur au ralenti
l'incommode partage des sons
la déraison toujours

## Léonard Forest  1928
*Le pommier d'aout*, 2001, collection Mémoire

### *saisons antérieures*

I

mes oiseaux de mer m'inscrivent en cercles immenses
    par-dessus les quais de mes étés réunis.
mon temps s'étire. j'arpente les plages de mes
    rêves antérieurs. je dors.
mes solitudes sillonnent les eaux lointaines, me
    reviendront pleines.
mes été s'enflent au soleil, se font et se défont
    comme marée féconde,
mes jours absents fleurissent noms de femmes,
je les appelle aux noces permanentes et calmes
    du temps réconcilié.
mes barques aussi sont nommées. j'égrène, rassuré,
    leurs doubles prénoms. je n'en ai point oublié.
mes oiseaux de mer inscrivent très lentes les courbes
    de mes immenses et lumineuses langueurs.

II

nous n'irons pas en ville. l'automne
    viendra sans nous étonner.
nos barques ramèneront un jour les vents
    du large, et nous les connaissons.
les âmes de nos morts ne cesseront
    la nuit de siffler à nos fenêtres,
nous les nommerons, nous dirons ensemble
    les chapelets de leurs noms

    innombrables, les inviterons parmi
    la famille quotidienne.
    se tairont. et nous nous bercerons dans
    l'immobile et vaste cuisine
    de nos appartenances.
tous nos temps gémiront. la pluie
    giclera nos deuils insoumis. l'envers
    du temps nous appellera comme appellent
    bateaux de feu.
nous irons face au vent jusqu'au dernier bout
    du quai. nous y resterons.
nous n'avons pour abri que l'abri de nos
    morts. l'automne passera
    sans nous blesser.
nous n'irons pas en ville.

III

j'ai des hivers qui bercent comme
    bateaux mouillés.
je ne dis rien. une femme chante au
    jour le jour la haute mer de sa
    plénitude.
mes voix sont lentes et lointaines,
    mes passés vivent sous même toit.
j'écoute une rumeur fraternelle où l'enfant
    de mes enfants joue les jeux des plus
    anciens souvenirs.
mes attentes sont chansons d'hier. ma
    nostalgie tisse les espaces blancs
    de l'espoir.
hiver. mes bateaux sont immobiles. l'hiver
    fige tout voyage. l'hiver étreint.

l'hiver est tout entier ce que nous sommes.
    l'hiver est joie blanche. l'hiver est
    goéland posé parmi ses vols,
l'hiver est parmi nous comme fête prévue.
nous nous écoutons. mes rêves s'installent au
    chaud de l'hiver comme bateau dans l'eau.
mes hivers me possèdent et m'annoncent.
j'écoute.

IV

n'était-ce pas chaque fois samedi d'avant pâques :
    la glace craquait dans la baie.
n'était-ce pas aux trois heures du vendredi
    de jésus-christ
qu'une molle tristesse allumait nos émois
    complices.
n'était-ce pas toujours le jour de l'éclatant
    dimanche,
à l'heure des vêpres blanches,
qu'une sève neuve sonnait la fête dans
    l'arrière-pays,
quai terrestre de nos patries maritimes.
n'est-ce pas du fond de nos plus dolentes
    mémoires,
n'est-ce pas du fond de nos éternels départs,
n'est-ce pas du fond de nos deuils, du fond de
    nos errances, du fond de nos peines patrimoine,
n'est-ce pas du fond d'un destin nostalgique
    et fraternel
que naitra notre été.

*pour une Amérique engloutie*

I

nos amours sont enfin fraternelles.
ta main émue guide les pas d'une fille
    de Chicago,
ton œil célèbre libération.
ton sourire féconde l'inévitable
    delta des joies noires,
ta chanson attend.
ta joie multigrave se tait et se
    tait, comme disque distrait.
nous avons à Chicago un frère qui
    pleure,
nous l'aimons,
son été s'annonce long.

nos amours ne se diront point avouables,
nous sommes apparentés.
nous savons l'un et l'autre nos
    angoisses continentales,
nous ne sommes point légers.

nous avons des silences coupables
    et lents,
comme sieste africaine,
qui disent non aux blanches justices
    d'un jour inavoué.
nous avons, devant nous, tout le temps
    des hommes.
nous attendons.

nous avons devant nous tant d'amour
    à donner,
qu'il faut enfin se quitter
pour ne point aujourd'hui se consumer.

II

je sais une maison dans une maison
    dans une ville absente,
je sais une chambre dans une chambre : y rôdent
    parfois les grandes orgues séculaires,
je sais une fille dans une chanson que
    chante un homme d'aujourd'hui,
je sais une femme dans une femme : j'y
    habiterais comme on habite pays chaud.

j'habite une rose rouge, je m'installe au
    seuil des violoncelles,
j'écoute musique dans musique, neuve et
    ancienne ; je chante.
je sais une femme spacieuse et ensoleillée,
elle rit, elle annonce des mondes inappris
    et amoureux.

je sais une joie dans une joie dans une
    femme que je connais,
je sais un lieu antérieur et beau : nos demains
    y triomphent,
je sais une femme dans une femme dans une
    maison dont l'œil est bleu.

je sais désormais une ville dans une ville
    à jamais inabsente.

III

nos absences ne sont point exil,
nous n'avons que des promenades dominicales
    et lointaines,
les rues du Souvenir y croisent les ruelles
    de l'Odéon,
nos rêves gréco-romains s'inspirent des
    misères démolies de Saint-Henri,
tous les clochers étouffés de Montréal nous
    appellent aujourd'hui vers des provinces
    anciennes.

nos silences ne sont point mépris,
nous n'avons que des discours intérieurs
    et lents,
nos amis ne sont point ailleurs, ni
    anonymes,
nous disons des noms : leurs œuvres
    chantent en nous,
les amis de nos amis sont les nôtres et
    nous appellent aujourd'hui vers nos
    saisons pleines.

nos exigences ne sont point pitié,
nous n'avons d'oreille que pour les
    poèmes ardus et vrais,
les révoltes amoureuses y valent tous
    les cris du crâne,
nos programmes ne sont point politiques,
    notre amour est intact,
tous les poètes du monde nous appellent
    aujourd'hui vers nous-mêmes.

nos patiences ne sont point vendues,
nous n'avons que des heures longues et
    fécondes,
nos audaces calmes éteignent les feux
    inutiles,
nos joies qui flambent n'annoncent
    partout que feux de joie,
nos amours s'écoutent et se disent, et
    n'appellent qu'une tendresse très
        humaine.

IV

j'ai planté partout mes jardins d'absence.
il y pousse parfois des fleurs inattendues,
blanches surtout,
tiges longues.
je ne sais qui les a cueillies.

j'ai planté partout mes jardins de liberté.
il y pousse parfois des fleurs menacées,
blanches surtout,
fleurs d'humanité.
je ne sais où les aller pleurer.

j'ai semé partout mes jardins d'avenir.
il y pousse parfois des fleurs inespérées,
blanches surtout,
fleurs d'amour.
à leur coupe, je ne sais qui boira.

j'ai planté partout mes jardins de joie.
il y pousse parfois des audaces nues,

blanches surtout,
fleurs d'été.
quand tu viendras, j'y dormirai.


## *Le pommier d'aout*

faut-il sonner tout fort les flux et
    reflux de nos colères,
et qui sont-ils qui écoutent si mal
    notre silence ?
faut-il nous tirer de force de l'amicale
    absence
où nous vivons en nous-mêmes, parmi
    tous nos pères ?
faut-il s'arrêter de ne point porter ailleurs
l'agonie séculaire d'une mer qui est là ?

ne m'appelle pas dispersion ;
ma souvenance est immense et haute,
j'aime de partout m'inonder du rêve lent
    d'une Acadie à redire,
me perdre au ras du chant de l'alouette
    dormir
dessus les marais salins de ma verte mémoire.

laisse mon exil à ses auteurs
et prie dieu de ne point châtier leur
    insouvenir.
j'aime compter mes voyagements comme
    long chapelet de retour,
j'aime chaque fois remonter d'ailleurs vers
    le jardin figé

où j'appris mon nom et celui d'un pays déjà
    nommé, à l'aube des Amériques en dérive.

ne répète pas mes adresses ;
j'y suis souvent très inconnu.
ma route est bordée de saules et mène
    sans presse au village voisin,
pareil à celui de mon père, et peuplé
    de cousins qui chaque fois m'attendent
à l'heure où le temps s'écoute en ses appartenances.

ne me dis point passant ;
j'habite partout mon patrimoine.
par derrière chez mon père y avait des
    pommiers d'aout,
des étangs, du mil, douze vaches de
    Normandie,
une baie parfois sauvage, une perdriole et son nid,
    et tous les canards du roi.

répète la chanson que voici ;
elle est tout près d'une Acadie
qui m'a longtemps bercé parmi les prés
    d'une fête à répondre.
elle est douce et lente, et ne heurte qu'à peine
    la peine que j'ai
d'un pays perdu dedans mes recommencements.

**Melvin Gallant 1932**
*L'été insulaire*, Éditions d'Acadie, 1982

*Mykonos…*

Mykonos
petit stade blanc en gradins
au fond d'une baie
à l'orée d'une ile rocheuse
tout entière soumise
à la domination d'Apollon
dieu du soleil
Mykonos
cité blanche
témoin de notre bonheur
tes multiples ruelles
qui tournent, s'entrecroisent, se prolongent
et ne finissent nulle part
véritable labyrinthe
où l'on se perd dans le dédale
des maisons et des églises
aux multiples escaliers et balcons
qui sont autant de bouches et d'oreilles
qui cherchent à dire et à entendre
les battements du cœur du monde


*paisibles…*

paisibles
les vieilles mykoniates sont assises
respirant la douceur de la nuit
leurs salutations sont affectueuses et loquaces

on a toujours quelque chose à se dire
les enfants qui grandissent
la vie qui s'en va
le monde qui change
les personnes que l'on a connues
que l'on a aimées
et qui sont parties
à tout jamais

de temps en temps on quitte son banc
pour entrer dans une église
allumer quelques cierges
ou encenser les lieux

l'ombre se découpe toujours
sur la blancheur des murs
même tard dans la nuit
sous l'œil amusé de la lune
et les petites ruelles semblent ouvrir leurs bras
à la lumière comme aux passants

étranger dans cet univers
tu m'as accueilli
pour me donner le pain et le vin
et me faire partager
la lumière et l'amour
de ton peuple

**Ronald Després 1935**
*Paysages en contrebande à la frontière du songe*, Éditions d'Acadie, 1975

### Cinémato

L'écran de nos rêves...
Perspective rivée à un mur sans fin
Mince comme un drap ondoyant dans la brise
Et riche de baisers et riche de caresses...
Terre promise érigée sur son flanc
Moïse, sa baguette, le rocher et la source
Que le roc détenait en ses mamelles de cuivre
Jaillit boueuse, puis limpide cristal
Désaltère la faim de manne rassasiée
Et la faim du bonheur, et la soif de l'amour
Et l'ennui des ardeurs assouvies dans la honte.

L'écran de nos rêves...
Ignoble projecteur qui ronge nos cheveux
Auréole brisée, réduite en ligne blanche
Comme une aube reposant sur nos têtes passives
Le spectacle, morne spectacle
De cette source qui gicle et abreuve les Hébreux
Alors que nous souffrons, pétris par le soleil
Joués par ce mirage qu'est la vie — et la mer
Bannis par cette faim qui brule notre gorge
Par ce sable sans mur, ces désirs sans bornes,
Par ce désert conçu sans parfum et sans songe.

L'écran de nos rêves...
Et la toile réceptrice de nos ombres les plus chères
Frappée dans ta surface par le câble de lumière
Qui traverse et ligote la salle haletante

Comme une dalle soutirée au parquet du passé
Raconte les souliers qui l'ont piétinée
Et sa vie de vestale, et les nuits de tourmente,
Et l'écume de sa bouche et les crachats du roi
Et l'image qui sombre et la vie qui prend fin.
Et nos pas dans la neige, dans la pluie, dans les vents
Qu'accompagnent les ombres, les néants et les jours,
De l'écran de nos rêves.

### Guet-apens de lumière

Front de tempête, mains d'orage
Tu te diluais dans mes songes
Comme une Voie lactée lointaine et gémissante
Et je chérissais dans tes yeux
Les remous de verte apocalypse.

Tu n'avais qu'à étendre le bras
Pour incendier la rue sous les réverbères
Faire gicler la ville sous le vent
Et la réminiscence des comètes de joie
Dans mes jours creusés au socle de tes paumes.

Quand je me penchais sur toi
Avec du sommeil plein la bouche
Ton visage se transformait
En guet-apens de lumière.

Et déjà je savais
Que nos flambeaux allaient se toucher comme des coupes.

## À force de mystère

Nous irons sur une mer non pareillement belle
Et bleue comme des lèvres de mort.

À force de mystère
Nous ferons coaguler des archipels de sang
Gicler des satellites d'embrun autour de nos bras d'ivoire
Et verser de grands soleils dans le virage de la peur.

Pourquoi les paysages imbriqués dans l'azur
Nous regardent-ils sombrer en ces replis de pierre ?
Pourquoi les sapins somptueux de givre
Empruntent-ils la route de nos paumes sèches ?

Le lent firmament sera-t-il parvenu
À la mesure de nos ivresses salines
Quand nous aurons troqué nos âmes pour des méduses ?

Et quelle main arrachera les ondines de nos flancs
Et quel cri veillera sur nos sillages fumants
Lorsque nous serons loin...

Lorsque nous allons gésir
Là où le lointain se calcule en profondeur.

## L'Amérique au chevet des cauchemars

   Ici, les yeux de l'espace se sont fanés avec l'ardeur des miroirs. Ici, le cœur solennel n'en finit pas de rompre ses lumières.
   Caravane irréductible, les flots déboisés du rêve sont venus se blottir à

la falaise de nos mains. Ils ont tout prévu, tout rangé. Ils ont mis la terre noire et leur regard de plénitude entre nos corps exténués par la fibre des grèves. Quand ils sont repartis, les saisons jouaient dans nos doigts, et nos mains les suivaient, filles de ce morne empire cristallisé dans l'aube.

À vol de jour s'évasaient les spirales d'étoiles frêles, mais nous avions conçu une source pour les broyer sans fin.

Nous laissions mourir le chant de notre offrande et les croissants d'ombre gonfler sur nos visages les derniers soubresauts de l'enfance.

Quand nos mains se sont étreintes, pâles, si pâles qu'elles se confondaient avec le matin, un feu inconnu masquait la soif des arbres.

Nous criions au miracle, mais nos mains étaient vides. Elles ne savaient plus absorber l'extase.

Et elles allaient, se tenant à l'affut de l'espoir.

Prêtes à sombrer avec lui.

### *Je suis descendu pour toi*

Je suis descendu pour toi aux enfers des rythmes saccadés
Raison et logique sont des roses fanées
Je ne danse plus les tangos oubliés
Je rampe sur les ondes de mes rêves repliés.

Tambours, saxophones, orgues crissantes
Cymbales en débâcle de sons
Me sucent le sang au compte-goutte des syncopes
Et je n'ai même plus
Le sérum de tes yeux dans ma gorge.

Je traine mes boulets de désespoir
De néon en néon, de crinoline en crinoline

Cherchant à travers les herbes des blues
Le reptile parfait auquel j'aspire :

Ton corps —

Oubliant qu'il gît
Comme un cadavre en eau limpide.


## *Les mains*

Celles qui s'ouvrent comme des palmes
Celle qui se dérobe au fond des poches
Celle dont on ne voit que l'index qui dénonce
Ou les jointures du poing refermé sur le cri.

Celles qui s'étalent comme des mares
Pour refléter le soleil dans le miroir des cils.

Celles qui cheminent sur des doigts de métal
De la rouille des cassettes à la rouille du tombeau.

Celles qui dressent des monuments de gestes solennels
Sur un socle plus large que le monde
Et plus chaud que le cœur.

Celles qui ont substitué à l'horizon
Leurs lignes tourmentées
Et dont les os constituent les barreaux
De leurs propres geôles.

Celles de l'adieu
Confondues aux cordages et aux ports blafards
Celles aux petits mouchoirs de soie
S'enfonçant dans le sable mouvant de la mémoire.

Les mains rugueuses de l'ouvrier
Celles du vieillard, pourtant ravinées d'espoir
Celles de la femme qui invente des fronts d'enfant
Pour s'y poser gentiment.

Celles qui quêtent la joie sèche des trottoirs
Celles qui pétrissent un creux dans l'oreiller
Et qui agitent et qui se tordent et qui se déchirent
Faïences abandonnées sur l'étal du bonheur.

Les mains osseuses de la faim
Les mains terreuses de la guerre
Les mains étincelantes du bal
Les mains gluantes de la ville.

Et celles du poète
Qui, tous les soirs, libèrent de nouvelles étoiles
Et ouvrent tout grands les volets du songe.

Pour qu'un jour
Toutes les mains
Affranchies de leurs mirages de chair
S'envolent comme l'oiseau
Dans une parfaite ferveur de paumes enfin unies.

*Nuit de la poésie acadienne*

Un pays d'emprunt
Accroché au cintre de la mémoire
Beau manteau d'apparat
Et qui s'effiloche de l'intérieur
Dans l'ultime trahison
Des manches muettes
Et des épaules ployées.
                    Un pays transi et frileux
                    Comme un hôtel de brume
                    Qu'on aime et qu'on évoque
                    À grands gestes de grève
                    Et de héros engloutis.

                    Un pays qui est à nous sans l'être
                    Fait de visages timides
                    De sourires inavoués
                    Et d'impossibles retours.
Un pays comme une maitresse partagée
À même la couche du plus fort
À même la fourberie réinventée
Et ce gout de haine au réveil.

Et tout à coup
Un pays dévoré
Par un feu longtemps contenu
De guitares qui chantent
De poèmes qui lèchent le cœur
De coudes serrés dans la pénombre du songe.

Un pays au galbe chaud
Un pays au manteau de brume
Rompu comme des os
Trop longtemps cravachés.

        Tout à coup
        Un pays nu sans frisson
        Un pays de prunelles fières
        Et de poings tendus
        Vers la lumière.

Tu es, mon Acadie
— Et sans douleur, cette fois —
Pays de partance.

# Robert Pichette 1936

*Miscou*
Bellérophon, Éditions d'Acadie, 1987

Où sont passés les hérons bleus que j'aimais tant,
figés sur leurs échasses, près des roseaux bruissant
dans l'eau plate des marais, à deux pas de la mer
large, étale et indifférente ?

Allons ! Il faut partir.

Le sable déjà n'est plus chaud sur les plages esseulées
où tes pas faisaient crisser le varech qui violace.

Allons ! Il faut partir.

L'illusion est finie. Voici un été qui n'est pas le nôtre
et une plage désolée qui me refuse le souvenir
de nos amours. Je ne retrouve plus les bigorneaux,
ni le vieux panier oublié ni la bouteille sans message
venue on ne sait d'où, échouée par hasard à Miscou la belle,
la tranquille, la placide, complice de notre amour.

Allons ! Il faut partir.

La vieille couverture bigarrée ne retient plus ta trace
et la marée sans pitié, avec sa régulière monotonie, recouvre
depuis longtemps le souvenir de notre joie. Le phare témoin
de notre béatitude devient menaçant et ces goélands curieux,
mais prudents, ne sont plus nos amis.

Adieu Miscou ! Salut mon âme !

**Transmutation**
*Chimères*, Éditions d'Acadie, 1982

Où irons-nous, mon amour, cacher notre beauté ?
Trop beaux d'amour
nous ne saurions au monde montrer nos visages
radieux, transformés, éperdus de soleil,
beaux comme des astres éclairant des ténèbres
dont on n'a plus souvenance.

Allons briller seuls derrière ces arbres
filigranés d'or, feuillés de lourds diamants.
Nous sommes ici des dieux éblouissants
créateurs ébahis de leur univers.

Aimons, aimons, aimons,
pendant que durent ces éphémères amours
dont le couchant n'est jamais loin du levant.

## Annick Perrot-Bishop  1945
*Au bord des yeux la nuit*, Éditions d'Acadie, 1996

*Terre-Neuve*

Terre
éclaboussée du cri d'un soleil
en couleurs d'océan
de roc
fauve la falaise se brise
craquements de glace
gout frais de neige qui fait trembler
la mémoire ensevelie
se mêle de vent
s'enroule au sel d'une joie
Neuve

*Pluie noire*

Pluie noire glissant
sur les feuilles l'asphalte
brillance de phares
vitres où colle encore
la poussière de l'été
dans sa chambre
Glenn Gould
son front ses mains
d'où fuit une averse de sons

### Cordon ombilical

Le cordon s'étire avec les jours
filament si ténu qu'il en devient presque invisible
pourtant il est là
et si je n'y prends garde je risque de trébucher

Avec deux doigts doucement serrés je le suis jusqu'à sa source
en une longue caresse qui glisse à contretemps
là où sommeillent
dans l'antre cuivré
les signes

Et d'où jaillira ma parole imaginée

### Dimanche

Juste une tristesse au bord des cils
un crissement sur le gravier
des filaments de lumière qui saignent
parmi les arbres
somnolence d'un ciel d'hiver
dans l'antre du brouillard

**Raymond Guy LeBlanc 1945**
*Archives de la présence*, 2005, collection Mémoire

*Archives de l'absence*

Nous avons trop longtemps pleurniché dans les greniers du passé
Trop longtemps béni les dieux de la souffrance
Au nom d'un je ne sais quel droit au martyre

Trop longtemps les monstres de notre enfance
Nous ont marqués au fer chaud des lamentations
Trop longtemps les élus ont monté sur les autels
Notre regard sous le regard bienveillant d'une vierge malicieuse

Trop souvent nous nous sommes agenouillés devant la croix
Pour oublier la vérité du pain la vérité du corps la vérité de l'homme
Trop souvent ces pèlerinages en dehors du monde
Nous ont arraché le sang des veines et le cœur de vivre

Trop souvent avons-nous allumé les lampions de notre mémoire
En guise d'adieu à la terre pour un bonheur illusoire et inutile
Trop souvent la tentation de la douleur nous a été imposée
Par des évangélistes mystiques à l'âme masochiste

Aujourd'hui avec le regard ailleurs et les mains liées
La parenté s'amène sur la pierre usée des départs manqués
Aujourd'hui l'enfant s'interroge sur la neige éblouissante
Qui ne tombe plus aux pieds de son père et de sa mère

Aujourd'hui les ravisseurs vendent au marché noir
Nos soleils d'avenir pour signer le pacte de l'esclavage
Au nom d'un culte nouveau celui de l'intérêt celui du profit
Ce Dieu nouveau aussi illusoire que l'ancien

Aujourd'hui nous sommes nus sur la place publique
À crier notre volonté d'être
Aujourd'hui nous restons cloués sur le béton froid
Des crucifixions modernes

Et j'ai dans le gosier un cri de révolté
Un cri de liberté un cri de justice un cri d'amour
Et j'ai sur les lèvres un mot une phrase un livre
Une histoire à dire à prononcer à proclamer à chanter
Et j'ai dans mes yeux un paysage qu'on me refuse
Une forêt une ville un pays
Et j'ai dans mes mains une fleur et j'ai dans mes mains une plume
Moi-même tous les autres un homme et une femme debout dans
l'avenir
Et j'ai dans l'avenir la dure réalité des gens d'ici et d'aujourd'hui
Et j'ai la saison d'un peuple qui sait l'hiver
Sa naissance au printemps qui viendra comme une grande fête

Mais pourquoi ce bandeau sur les yeux
Pourquoi cette corde autour des poignets
Cette muselière sur la bouche cette camisole de force autour du corps
Les chaines solidement attachées aux pieds

Pourquoi le silence du chacun-pour-soi
Pourquoi ce policier du silence entre nous
Pourquoi cette complicité du silence
Comme une barrière contre la solidarité
Le chacun pour tous l'exigence des vivants
Pourquoi l'absence du pourquoi

Trop longtemps oui trop longtemps nous gémirons encore
Parce que le temps nous échappe
Parce que le temps appartient à d'autres

Parce que l'horloge électronique bat le temps
De la mort lente d'un peuple essoufflé
Fatigué de courir fatigué d'essayer d'attraper le temps
Usé jusqu'à l'os jusqu'au courage de vivre
Un peuple qui réclame le repos la paix tranquille
Près du foyer de nos ancêtres

Nous nous lamenterons encore de n'avoir pas su nous réveiller
    à temps
Nous continuerons à chanter les complaintes des dispersés
Parce que nous n'aurons pas eu la force de nous lever
De notre vieille chaise berceuse
Pour réunir les malaimés autour du foyer de l'avenir

Oui longtemps nous invoquerons la fatalité
Comme une excuse pour notre peur d'exister
D'être des hommes debout responsables du vivre en humanité
Du vivre quotidien du vivre ici
Nous nous jetterons dans les bras du premier venu
Croyant trouver ailleurs une liberté qu'on se sera refusée

Et demain on écrira sur nous d'autres poèmes remarquables
On viendra scruter nos moindres défauts
On s'empressera d'analyser l'état de décomposition
De nos cadavres historiques
Et chacun se félicitera d'avoir découvert un peuple trop petit
Un peuple oublié impuissant trop faible
Et les musées du monde entier exposeront aux yeux des curieux
Les archives de notre absence

Certains diront ce peuple n'a jamais existé
Et l'échec ne nous sera pas pardonné
Certains diront c'était un peuple fier

Mais l'esclavage a fait de lui un esclave heureux
D'autres ajouteront ils n'ont pas vu venir la mort
Préférant l'ignorance à la science l'argent à l'humanité
Le passé à l'avenir et les erreurs de l'élite tomberont sur nous
Les faibles les mal payés les travailleurs
Et l'histoire ne nous pardonnera pas d'avoir étouffé en nous
L'étincelle de la révolte


### *Le temps de dire*

Memramcook, Barachois, Rogersville, Dieppe
Néguac, Caraquet, Saint-Basile

Autant d'hivers autant de chemins à déblayer
Pour briser l'isolement
Avec les mots de tous les jours comme une poignée de main

S'assoir à la même table
Manger du fricot du homard des ployes
Comprendre le geste des ancêtres renouveler l'été

Bouctouche, Richibouctou, Saint-Louis, Beresford
Bathurst, Edmundston, Rivière-Verte

Autant d'enfants à nourrir
Autant de noms à dire contre l'hiver
Villages villes champs de bleuets
Comme la mer profonde de grandir

Ne pas plier l'échine
Refuser de vendre la maison la terre

(Les rues de Saint-Jean valent-elles un goéland ?)
Nous sommes les seuls à vivre notre avenir

*Toi*

Tu es mon Pré-d'en-Haut ma colline vivante
Mon ile Miscou mon chemin de terre
Ma maison de bucheron mon sable de Shédiac
Mon nord et mon sud et l'est de ma géographie
Ma gigue et mon rock mon folklore ma chanson
Tout ce qui me rend à moi-même
À mes cours d'eau antérieurs
Et l'histoire d'être retrouvé ici
Dans la folie de t'aimer


*Acadie*

S'il m'est difficile de vous vivre en mon tangage d'horizon
Gens de mon pays chimère sans frontières et sans avenir
C'est que je suis trop petit pour vous faire renaitre en moi
Hommes sans visage femmes sans seins
Enfants sans langage

S'il m'est douloureux de vous tendre mes deux mains
Pour vous rejoindre vous toucher où que vous soyez
C'est que vous êtes trop loin et dispersés partout
Gens de mon pays dans l'absence de vous-mêmes

S'il m'est impossible à cette heure de danser avec vous
Au rythme d'une gigue à vos chansons de folklore
Gens de mon pays ne m'en voulez pas
Je songe à vos illusions et à vos rêves qu'on étouffe

S'il m'est angoissant de vous regarder droit dans les yeux
Au cadran d'un soleil déplacé divisant le jour
C'est que l'Acadie vous berce en ses souvenirs
En ses ombres en sa nuit irréelle symphonie

Gens de mon pays
Sans identité
Et sans vie


## *Complainte*

Aurions-nous chanté que nos solitudes
Indomptables et nues comme des corps étendus
Sur des plages désertes

Aurions-nous dansé jusqu'à perdre la tête
Toutes nos peines dans une gigue maudite
Frémissante de tant d'échos de chaines sur nos pavés

Aurions-nous perdu le gout des rives vertes
De ces villes de promesse
Enfouies sous notre mémoire d'hommes

Dis
Aurions-nous assassiné cet autre nous-mêmes
Pour l'avoir vendu à tant de mensonges

Dis
Si tu le sais
Ne sommes-nous rien d'autre que des esclaves

## *Cri de terre*

J'habite un cri de terre aux racines de feu
Enfouies sous les rochers des solitudes

J'ai creusé lentement les varechs terribles
D'une amère saison de pluie
Comme au cœur du crabe la soif d'étreindre

Navire fantôme je suis remonté à la surface des fleuves
Vers la plénitude des marées humaines
Et j'ai lancé la foule aux paroles d'avenir

Demain
Nous vivrons les secrètes planètes
D'une lente colère à la verticale sagesse des rêves

J'habite un cri de terre en amont des espérances
Larguées sur toutes les lèvres
Déjà mouillées aux soleils des chalutiers incandescents

Et toute parole abolit le dur mensonge
Des cavernes honteuses de notre silence

## Invention d'avenir

sans nulle autre parole que mes mains tendues
étirés tous ses doigts et la paume constellée d'étoiles
sans nul autre regard que mes prunelles au vent
ailleurs à même vos chairs et ces intimités à peine révélées
sans nulle autre histoire qu'un peu de ma vie
et ce sang coulant dans vos veines
chargées de promesses de silences
d'amours nouvellement conquises
sans nul autre cri que ce frisson
à l'orée des jardins radieux
et les lèvres ouvertes
et les chemins repris
et les chagrins dépassés

j'inventerai le monde

et vous viendrez pour lui donner
toute sa densité d'humaine poésie

# Gérald Leblanc 1945-2005

*Mouvance*
*Lieux transitoires*, 1986 ; *Géomancie*, L'Interligne, 2003

mouvance
toujours plus loin dites-vous
jusqu'au bout du monde
le voyage le déplacement
toujours plus loin
et le bout du monde est bleu
*are you going with me*

c'est une musique aérienne
sur mon signe de Balance
et ce bout du monde est bleu
je m'imagine au volant d'une voiture
à l'harmonica lamenteux des longues routes
où bercent nos corps
alors que la tête va et vient
*something like out-of-the-body experiences*
sur les routes l'imaginaire
mouvance
déraciné apatride
sinon pour ce bleu au cœur
qu'on allume autour d'une langue
*are you going with me*

errance
erre l'ange à la langue
mêlée d'algues
accrochées au continent d'Amérique

errance mnémonique
où j'entends le bruissement de nos mots
lors de nos fuites
qui ressemblent tellement
à ce que France Daigle appellera
le blues international des Juifs
*are you going with me*

nous allons traverser le bleu
bleu comme la nuit bleue de Paul Klee
bleu comme la pochette *Beat* de King Crimson
bleu comme *Communiqué* de Dire Straits
avec la carte postale dessus
bleu comme un poème de Roméo Savoie
et quand j'aurai épuisé toutes mes images
il restera le bleu de vos yeux
sur les variations du réel
jusqu'au violet du vouloir mystique
bleu cristal en ligne
sur l'intuition de nos désirs
ce rythme envoutant
*are you going with me*

le long de la route j'ajoute un bar
un autre va-et-vient
dans la géométrie des désirs
le long de la route

caravansérail
la lignée avance devient cercle
*eternal caravan of reincarnation*
la conscience du cercle
à travers laquelle

*Gérald Leblanc*

traverser le temps
dans le bleu du cristal
où je vous aime depuis toujours
même quand je dormais
avant de vous rencontrer
vous imaginant
dans le trafic du midi
dans le matin gris de beaucoup de bouteilles
avant de vous retrouver dans le dix de cœur
sur la route en voyage avec Pat Metheny
*are you going with me*

au volant de ma machine à écrire
j'arrive au rythme
j'avance avec la radio
onirisme sonore
sur les sentiers de l'extase
j'apprends à nommer ma recherche
j'écris Irio Swn d'un texte à l'autre
l'attente exquise et inquiétante
du premier pas
dans la spirale des mots
et la mémoire du vertige
dans une bibliothèque télépathique
traversée
dans les commencements de *Moncton Mantra*
car c'est un voyage nourri d'images du bleu
vers l'écriture de vos yeux
au volant de ma machine à écrire
je veux vous parler de musique
de l'aire sonore de nos vies
de la nourriture des sens
*are you going with me*

mouvance
la route américaine
caravansérail
j'aime tellement le voyage
que je n'ai plus hâte d'arriver

*are you going with me*
moi qui suis désordre et désirs
machine à mots en dérive dans les villes
bipède ambulant dans les fantasmes de vous
j'allais d'amour fou en amour fou
pour fuir l'amour fou que j'avais pour vous
sur la Dufferin ou la Cameron
sur l'Archibald ou sur la Lutz
où je vous retrouve
dans chaque recoin de mon âme
je vous porte en moi
dans les parcours électriques
d'une errance à jamais sonore


**j'étais waiter dans un abri nucléaire**
*Géographie de la nuit rouge*, 1984; *Géomancie*, L'Interligne, 2003

j'étais *waiter* dans un abri nucléaire, en *stand-by* pour une autre planète. je voulais t'écrire une lettre d'amour, car ma plume enregistrait 6.5 sur l'échelle de Richter.

les personnages de Lawrence Ferlinghetti y venaient souvent. Andy Warhol imprimait les menus sur des airs cristallins de Philip Glass. Nina Hagen se teignait les cheveux dans le lavabo pendant que je rinçais les verres radioactifs.

et je rêvais de Moncton, nostalgie d'un passé où j'avais compris que toutes mes mémoires se ranimeraient dans le refoule éternel de la Petitcodiac.

### **Visions de Rimbaud**
(Projet d'autobiographie)
*Lieux transitoires*, 1986; *Géomancie*, L'Interligne, 2003

j'entends à la radio que Rimbaud est revenu en ville.
et je me suis rappelé le temps passé ensemble, à l'époque où je fumais beaucoup trop, entre la mescaline et le chèque de chômage.

nous écoutions les mêmes disques. Bob Dylan : *Blonde On Blonde* surtout. si je m'arrêtais à une image sibylline d'une chanson, il disait : « Analyse pas, laisse les voyelles te bercer dans leurs sonorités, laisse-toi emporter par leur travail sur les consonnes. »

la trappe à homard et le bateau au bout du quai n'étaient plus des sujets de poésie. il m'aimait plus fort quand je lui parlais chiac. lui se prévalait d'un accent ramassé dans les bars d'Afrique du Nord.

la ville nous servait d'ambiance. nous partagions une prédilection pour les taxis bleus. je lui avais donné le sobriquet : *appétit*.

parfois, nous descendions jusqu'au Cap-Pelé où on passait l'après-midi, les orteils dans le sable, à énumérer toutes les villes qui nous fascinaient : San Francisco, Barcelone, New Orleans, Tokyo. il avait un mot pour cette activité, il appelait ça : *désir*.

il fabriquait souvent des collages avec les journaux qu'il mélangeait avec des images de revues ou encore des pages du livre qu'il lisait ou de lettres qu'il recevait. on riait aux éclats en parlant de la France.

nous vivions quelque chose d'aussi vague que le temps et la nuit nous dormions enlacés auprès du *Dictionnaire des symboles*.

la dernière fois qu'on s'est vus, c'était à New York. nous avions traversé Central Park comme ça, ne distinguant plus l'est de l'ouest. dans un *fast-food* au coin de la 46$^e$ et Lexington, il écrivit : *Burger King is Murder*. il avait même suggéré qu'on écrive un poème sur le code postal. une mémoire réciproque nous travaillait.

je griffonnais son nom en imitant les caractères des graffitis sur les métros. *and Manhattan was throbbing like crazy on that day*. en voyant ses yeux, je me suis dit :« *Oh boy!* quel karma que de revivre tout ceci encore une fois. » après une tournée de quelques bars, on se quittait à Penn Station.

j'avance sur la Cameron. printemps 1986. la texture grise du trottoir me propose des lignes, des directions. je tourne sur Mountain Road, je l'aperçois soudain. il porte une culotte noire, fripée, une chemise blanche ouverte au cou, la chevelure ébouriffée. son éclat de rire me traverse. il me rappelle une image photo d'Ernest Pignon que j'avais collée au mur de la cuisine en souvenir de lui.

il me prend par la taille en me racontant des anecdotes de vidéo-clips. nous allons vers une soirée bruyante où nous dansons jusqu'à la frénésie. il m'embrasse éperdument dans la musique. nous courons jusqu'à l'appartement, nuit bleue dans la cérémonie des touchers.

cette nuit, je lui souffle à l'oreille à quel point il m'a manqué. en me serrant contre lui, il me dit : « j'étais partout pourtant. dans la gorge de Jim Morrison, dans les couleurs de Nicholas de Staël, dans les cris d'Antonin Artaud ; je te parlais dans les lignes du Yi-King, dans les disques de Marvin Gaye. »

au matin nous méditions avec le mantra :
*nam myoho renge kyo*,
ses yeux réchauffent la chambre. une musique vibrante émane de nos plexus solaires, énergie tantrique de nos corps.

Rimbaud revenu. l'appartement devient plus lumineux. un déjà-vu dans nos yeux. on se promène là-dedans avec aisance. à la table de cuisine, les images nous emportent. coïncidences comme au premier matin. avec les valises près de la porte, nous reprenons notre prière américaine.


**Une autre saison**
*Les matins habitables*, 1991

Une autre saison arrive dans le monde
je retrouve la luminosité des heures
ma bouche et mes mains sont pleines de toi
aimer est un verbe
et j'en tremble


**Pratique de la poésie**
*Complainte du continent*, 1993

il me semble que la poésie agit
à partir du corps puis de la tête
de ma mémoire de bandes dessinées
ou de l'eau salée avalée
en sautant dans la rivière de mon enfance
il me semble que ça parle
du monde qu'on aime
et du monde qu'on n'aime pas

que ça parle d'une rage historique
de l'ambigüité de voter
s'inspire d'Apollinaire
ou de Bessie Smith
comme le soleil envahit la cuisine
un poème peut s'incliner devant la mer
souffler entre les craques de tous les murs
peut s'envoler dans le midi de la ville
atterrir dans le lit chaud de la beauté
chanter mes rencontres avec Rimbaud
mes états translucides
peut entrer dans la conscience
par degré ou par éclat
peut appréhender l'abstraction du temps

\*


le poème est malachite
parle de ponts
de tigres
de cybernétique
le poème se glisse dans le noir
se réchauffe à la géologie vivante
aux rues familières
la rue Weldon appelle
pour que le poème advienne ici
au cœur des contradictions
et des fulgurances
une trame chamanique
aux échos de griots
entre les générations
sur la page ou sur l'écran cathodique
par les voix et dans les livres

le poème inscrit cette trajectoire
de la parole et du désir
comme un graffiti sonore
sur l'écriteau du réel

\*

parfois nous écrivons
sans trop savoir pourquoi
sauf que nous écrivons
nous imaginons qu'une phrase
peut nous emmener
au bout du monde
et parfois elle le fait
entre le rythme du cœur
et le rythme du lieu
entre le noir et le blanc
le bleu guette constamment
comme le silence
je veux nommer jusqu'au vertige
tout ce qui m'a touché
les traces indélébiles
de certains moments
les épiphanies du quotidien
au long de la longue complainte
de mon appartenance

### *Hommage à l'auteur de Cri de terre*
*Complainte du continent*, 1993

la ville est une conséquence extrême de mon désir
j'habite un cri de fer aux racines d'argent

comme une drogue douce dans la nuit nucléaire
où les autres essayent de décider pour moi
sans me consulter jamais
je résiste à coups de poèmes et d'entêtements
comme *Acadie Rock* tatoué sur le corps de Moncton
la ville est une prière aux dieux païens de mes sens
au long des irruptions sonores
qui dirigent mes dérives
je connais la complainte des mots d'eau
elle parle de mes origines
j'habite un cri de mer aux racines éparses
parfois électriques et planétaires
dans les flammes de Los Angeles
le siècle s'essouffle et se désintègre
les prophètes du rap le clament
aujourd'hui je veux mêler ma voix à la leur
à la tienne pour dire tout haut encore une fois
*j'habite un cri de terre aux racines de feu*


**Éloge du chiac**
*Éloge du chiac*, 1995

de jouer dans la langue et d'en rire
d'en rêver qu'on *find out*
qu'on communique
même si le voisin fait mine
de ne rien comprendre
*too bad* de se priver
de pareille façon
de faire accroire
contre soi-même
que ce rythme n'existe pas

la musique est o.k.
le monde itou
on dirait que toute
est à la bonne place
c'est *slick so*
*stick around*

        le son est une lumière
        sur ta langue créole
        dans ton corps reggae
        la musique est o.k.

nous emporterons dans la langue
les mots ramassés en chemin
nous poserons les mots d'ici
sur tout ce que nous toucherons
y compris ce que nous transformerons
avec l'entêtement de parler partout
et d'écrire sur les pages encore blanches
notre dignité humaine
notre tragédie n'est pas grecque
sur la terre sainte de Memramcook
à peine chrétienne
dans la cérémonie des samedis
on nous accuse de notre histoire
et nous répondons coupables
d'avoir toujours compris
où nous étions

    (quand t'es avec les loups
    tu cries comme les loups
    disait ma mère qui devrait savoir)

nous ne voulons plus ressembler
à ceux qui nous acceptent
à condition que nous effacions
toute trace d'histoire personnelle
qui nous aiment à genoux
devant l'autel de l'aliénation
c'est même pus *funny*

nous parlons de ce qui nous passe par la tête
dans les virées de la vie
dans la ville de la violence de voir
ce qu'on nous fait
nous parlons comme des anges en transit
des rockeurs lumineux devant ceux
qui rêvent de « bien parler »
pour faire taire les autres
dans notre pays de mue
*worryez* pas
nous repasserons autrement
avec la bouche
pleine de surprises
et d'éclats de rire


***Petitcodiac***
**(prière rock pour une rivière)**
*Je n'en connais pas la fin*, 1999

la ville est notre église
le besoin d'aimer notre seul moteur
nous errons comme des *bikers* de la tendresse
au milieu des trous dans l'asphalte de l'endurance

nous sommes une crise de nerfs à réaction sur la rue Main
jusqu'au refuge de nos semblables
nous éclatons sur tous les murs des empêchements
nous en parlons comme nous le voulons
entre nous la langue secrète circule comme un joint
nous veillons tard en rêvant du rayon vert
nous sommes entre les mains de l'immédiat
et de la jouissance comme moyen d'expansion de conscience
nous nous accordons à l'âme gitane de nos musiques
des propositions nous propulsent au pays des merveilles
notre force s'accumule comme l'eau retenue de la Petitcodiac
nous sommes des vagues électriques
qui chevauchent le courant et le temps.


***la pensée du temps***
*Poèmes new-yorkais*, 2006


que faire des poèmes inachevés
des projets abandonnés en cours de route
que faire devant la bêtise
après s'être égosillé
que faire des jours immobiles
des nuits longues de langueurs
où rien ne bouge sinon le mauvais sang
que faire quand la conscience se dissout
dans la pensée du temps

## Herménégilde Chiasson  1946

*Eugénie Melanson*
Mourir à Scoudouc, Éditions d'Acadie, 1974;
Émergences, L'Interligne, 2003

Ni les colliers d'eau douce
Ni les encensoirs en feu que les curés brandissaient durant
les Fêtes-Dieu
Ni les bannières du Vendredi saint
Ni les drapeaux tricolores
Ni les amours perdues
Ni les amours permises, encore
N'auront fait pâlir ta beauté, Eugénie Melanson
Toi dont la photo traversa les années
Pour me faire signe
Un après-midi de juin, quand le ciel était trop bleu et que le soleil
descendait trop bas dans un pays qui ne pouvait être le mien.
Tu étais la plus belle, pourtant
D'autres te l'auront dit, bien sûr, mais j'imagine tes yeux sombres
grands ouverts et qui regardaient à l'intérieur de ton corps pour ne
plus voir passer les années sur ta beauté oubliée.
Tu étais la plus belle, pourtant
Quand tu te déguisais en Évangéline pour pouvoir recréer avec des
Gabriel de parade les dates mémorables d'un passé sans gloire,
englouti dans les rêves et les poèmes d'antan que tu n'avais jamais lus.
Tu étais la plus belle, pourtant
Quand un dimanche après-midi un photographe ambulant saisit la
fraîcheur de tes dix-huit ans et fixa, par un procédé lent et doulou-
reux, les séquelles imparfaites d'une candeur incroyable, rêve lent et
presque sombre d'un désir de vouloir rester maintenant et toujours
pour regarder le soleil s'estomper dans le ciel une dernière fois, oui,
juste une dernière fois.

Tu étais la plus belle, pourtant
Parce qu'un dimanche après-midi cette photo commença son existence et qu'un après-midi de juin, ta présence m'a regardé et m'a arrêté.
Tu regardais, de derrière ton cadre, du haut de ta robe noire, le visage contre la vitre.
Tu regardais, mais tes yeux ne regardaient plus à l'intérieur de ton corps.
Tu regardais Eugénie Melanson, je sais, tu regardais
Les vitrines bleues, les objets de piété, les berceaux bordés de dentelle, les haches accrochées dans l'établi, les charrues qui ne labourent plus la terre, les meubles victoriens des gens qui étaient plus riches que toi, tu t'en souviens, les fanals à gaz qui clignotaient près de la porte quand les soirs venteux d'automne tes cavaliers venaient te reconduire jusque sur le perron, tu regardais les foyers avec de vraies buches de bouleau, toi qui en avais toujours rêvé, tu t'en souviens, tu regardais les carrioles qui bondissaient sur la neige des dimanches après-midi quand il y avait des vêpres à l'église et qu'emmitouflée dans les fourrures, tu croyais te rendre à la messe de minuit en plein jour...
Tu regardais tout ça, Eugénie Melanson, et pourtant...
Pourtant, tu étais plus belle que tous les rêves qui s'étaient aplatis contre la vitre par un jour de juin où, ici, comme par tous les autres jours de juin, il ne s'est rien passé.
Tu étais plus belle que les médailles du Vatican qui allaient aux dignitaires dont ton mari te disait les noms parfois et dont tu voyais les portraits dans les journaux.
Et aujourd'hui...

Aujourd'hui vous êtes tous ici
Vous êtes emprisonnés, toi, les médailles du Vatican, le tableau de la Déportation, le drapeau de lin que Monseigneur Richard avait fait faire, et tous les rêves qui vivent derrière les vitres de cette grande cage à nostalgie.

Tu es au bout d'un corridor et tu regardes venir les enfants qui
examinent les vitrines bleues et qui ne remarquent pas ta photo qui
est petite et perdue en noir et blanc.
Mais tu es la plus belle, Eugénie Melanson, plus belle que Philomène
LeBlanc, plus belle que Valentine Gallant, plus belle qu'Euphrémie
Blanchard qui sourit au bras d'Évariste Babineau, plus belle que les
médailles du Vatican, que la signature de Champlain, que les cachets
de cire du roi d'Angleterre, du roi de France ou d'Espagne.
Tu es la plus belle parce que je t'aime.
Parce que tu ignorais qui étaient les Gibson Girls, les suffragettes, le
cirque Barnum, les Beverley Follies, les frères Wright et Thomas
Edison et que tu t'endormis près des berceaux bordés de dentelle.
Tu aurais dû te réveiller.
Tu aurais dû te réveiller puisque c'est alors que l'envie de mourir
s'agrippa à ton corps.
Tu aurais dû te réveiller, Eugénie Melanson,
Mais tu t'endormis dans ton corps
En pensant aux vitrines bleues, à la signature de Champlain, au fort
de Beaubassin, aux canons des vaisseaux français qui donnaient le
feu en rentrant dans le havre de l'île Saint-Jean...
Tu t'endormis
Tu t'endormis en rêvant
Tu t'endormis en rêvant à de nouvelles déportations.

## *Icare*
*Prophéties*, Éditions Michel Henry, 1986

Nous avons un ami en commun.
Il vit, étanche, dans un appartement travaillé par la suie.
Il travaille à la semaine, on dirait.
Il nous embrasse quand nous allons le visiter,
L'hiver, sur des chemins glacés.

Nous parlons de frustrations diverses.
Des raisons qui font qu'on déserte son espace
pour aller vivre ailleurs
toute cette douleur qui nous réclame.
Comme si on réalisait subitement
l'urgence des choses et la fuite du temps.
« Qu'est-ce qui s'est passé » qu'il n'en finit plus de dire.
Et nous rajoutons, conscients du poids
et de la nécessité d'alimenter la conversation
que « l'hiver est une saison où tout se déforme ».
Et il conclut toujours en disant de faire attention.
Quand on s'approche du soleil, il parait qu'on prend feu.
Ce n'est pas si terrible qu'on veut nous le faire croire.


**Outremer**
*Prophéties*, Éditions Michel Henry, 1986

Je resterai avec vous jusqu'à l'heure émouvante
où votre cœur sera devenu un continent glacé
dans le grand moment perdu de la route.
Lorsque tout se blase et se déforme
dans le regard kodachrome des touristes.
Sur la terre où nous n'avons fait qu'aimer.
J'aurais aimé avoir tes yeux, mon père,
pour regarder la mer, pour sonder l'horizon
jusqu'en ses ineffables et tortueux refuges.
Mais tu ne m'as laissé que des routes
qui s'entremêlent dans les synapses
revêches et cravachées de ma mémoire.
La sonde abimée d'un voyageur inquiet.
J'aurais aimé avoir tes yeux, ma mère, pour me méfier,
pour regarder dans le ciel mystérieux

où se profilent les conclusions et les indices.
J'aurais voulu avoir ta force
pour cracher sur les évêques,
sur leur manteau de dorure
et sur tous ceux qui nous ont pris au collet
dans nos sentiers chétifs et maladroits.
J'aurais voulu que ma vie soit porteuse
de l'absolue nécessité des choses et des êtres.
De leur urgence et de leur fragilité
dans le ventre de la menace.
Et la mer est restée entre nous
comme un blanc de mémoire interminable,
une statue de sel le long de l'autoroute.


**Amériques**
*Prophéties*, Éditions Michel Henry, 1986

Nous sommes greffés au bord de l'eau
comme la soif des oiseaux
Inondés.
Vague après vague, le ciel devient lumière, devient rose,
devient mauve puis glisse dans l'océan
comme une promesse mal contenue.
Nous sommes venus par la mer aux Amérindiens
comme des extraterrestres. Leurs tatouages et leurs
crinières glissaient inexorablement vers les dentelles et
les perruques. Leur monde de fourrures et d'excès allait
disparaitre dans la bande dessinée rose et mauve
qu'allait devenir l'Amérique. L'Amérique allait se
manifester. L'Amérique s'est manifestée.
Et nous sommes peut-être ces gens-là, descendants de
coureurs de bois et d'un univers de boucane dans les

wigwams où l'on échange son cœur pour des miroirs.
Nous sommes les survivants de toutes les rumeurs et de
toutes les peurs imaginables.
Notre fragilité n'a d'égale que notre endurance.
Il y eut le pays et ensuite il n'y eut qu'une grande fosse
sur laquelle on entendait siffler la misère et l'errance.
Quand on arrache à la bête son repas,
quand on tue la bête, qu'on la mange,
qu'on devient comme elle.
Jusqu'où va-t-on porter sa peine
avant de reconnaitre son humiliation.

## *Outrage*
*Existences*, 1991

Il attendait à l'entrée d'un musée. Affamé. Regardant les œuvres dont il essayait vainement de tirer un sens provisoire. Malveillant. Dans la pierre il n'y avait que du non-sens. La fatigue ou plus simplement une déception illicite. Il dut admettre que le lieu était probablement la seule œuvre de conséquence. Une perception plus englobante. Un vieil homme entra qu'il n'avait pas vu. Il regardait les œuvres, les titres et soudain il leur vint la conception simultanée d'un ennui intolérable, un bâillement obscène, un aveu sacrilège et libérateur. Le fait que tout ceci représentait autrefois une révolte. Morte étouffée. Plus tard sur une rue, dans un quartier d'immigrants, marchant distrait vers un restaurant, la silhouette majestueuse, tranchante comme le vide d'un chat noir traversant le trottoir à contrejour. Une plénitude tumultueuse. La conscience brutale que quelque part il devait bien y avoir des moments où les yeux sont si heureux de n'être que des yeux.

## *Un viaduc, la nuit*
*Miniatures*, 1995

Un viaduc, la nuit. Ils sont plusieurs. Ils ont une voiture. Ils ont de la peinture, des idées, de la rage à revendre. Ils veulent écrire. Ils ont improvisé une banderole. Ils vont étaler leur désarroi en vitesse sur un viaduc : *The city with a heartburn* pour que le message soit enfin exact à tous. Il n'y a rien comme les langues étrangères pour préciser sa pensée. Puis ils sont frappés d'épouvante, d'un rire épidémique. Ils peignent des têtes de porc sur les bureaux des notables. Ils informent les journaux se réclamant d'une soudaine anarchie. Ils n'ont plus le choix. Ils sont la voix vengeresse de siècles d'oppression qui les ont rendus coupables de délire et fous de rage, qui les ont réduits au rôle de commandos forcenés dans une cellule infiltrée par le rire. Ils veulent échanger leur honte pour une dignité. Ils en ont assez de croire que le cœur soit devenu le siège des émotions. Ils pensent plutôt à l'agression constante qu'ils subissent en langue étrangère. Ils ne s'entendent plus sur les raisons, sur les besoins immédiats. Ils veulent négocier avec la honte. Bruler le masque. Ils ont une voiture. Il y a encore de l'essence dans le réservoir. Le monde flambera dans leurs yeux. Laissons-le flamber. Beaucoup plus tard, elle lui offrira le vrai cœur brulé de passion. Il n'osera même pas y gouter.


## *Il a commencé à écrire*
*Miniatures*, 1995

Il a commencé à écrire péniblement se demandant si son obsession serait digne un jour de figurer dans les pages d'un livre. Il se souvient toujours de la grande maison en bois et du toit qui prenait l'eau quand il pleuvait et des craquements étranges que la baraque lui faisait entendre quand il ventait à tout défaire. Il s'en était fait un langage avec lequel il écrirait un traité sur l'immuable. Les roses du papier tenture. Il a commencé à écrire en croyant fermement qu'il y avait dans les mots un mystère qui lui serait révélé. Il a respiré l'odeur des feux d'herbe, vu et revu la verdure s'étaler et pâlir et s'étaler à nouveau, gravé son nom au tisonnier rougi jusqu'au fond de la glace. Il a commencé à écrire en se disant qu'un jour il finirait par trouver la combinaison définitive. Il revenait tard dans la nuit par les chemins de terre, traversant des forêts où la mort agitait ses vieilles guenilles noires à la porte des maisons de bardeaux gris. Il a commencé à écrire en s'imaginant qu'il dirait ce que les autres n'avaient jamais su ou voulu dire. Il s'est imaginé le porteur de leur secret, des raisons de leur misère et du silence de leur déchéance. Quand il les voyait rentrer meurtris et qu'il n'avait rien d'autre à leur dire que ce pacte qu'il se refaisait silencieusement tous les jours à lui-même.

## *Il neige sur la Californie*
*Miniatures*, 1995

Il neige sur la Californie. Petite tempête profonde comme la pluie, douce comme l'orage sur les oranges qui tremblent de toutes leurs feuilles d'avoir entrevu le vrai visage de Dieu. La faille s'ouvre comme les veines romaines à la fin d'un autre millénaire. Les justes abandonnent leurs maisons. Les continents se déplacent. L'autoroute n'est plus qu'un amoncèlement de poussière et de crevasses et le monde blanchit à vue d'œil. Ce qu'il voit à la télévision, ce qu'il entend au téléphone ne ressemble en rien à cette nuit au bord de l'eau. Un film sur la joie sereine de s'endormir dans le calme des grandes villes. Petit air de clavecin, musique tiède qui sort péniblement la tête hors de l'eau à la fin de l'été. Bleu délavé des piscines contrastant avec le bronze des corps sur le rouge gonflable des matelas. Il neige sur la Californie. Le monde est en train de déraper sur sa couche de lave et les bêtes ont perdu leur haleine dans la forêt, leur gueule s'emplit de rage et de suie volcanique. Elle regarde le ciel. Sa voix se faufile vers ceux qu'elle aime sur les circuits qui fonctionnent encore. Le rire des survivants éclatant dans le grésillement d'un répondeur. À tout hasard. L'écriture ne fonctionne plus. L'alphabet n'est qu'une sculpture à la précision fondante.

### *Hypnos s'enfuit de la rue Main*
*Climats*, Éditions d'Acadie, 1996

le ventilateur dans l'espace impeccable
du bureau nous balaie de son regard vide
et quand il repasse il nous caresse d'un frisson
léger lointain comme l'hiver insondable
des jambes de femmes sur le trottoir aride
promènent leur désir pur et sans rémission
leur cirque ambulant est une acrobatie
dans le soleil distrait d'une fin d'après-midi
les stores vénitiens découpent le monde
en fines lamelles dans un écran suspendu
tes yeux sont fatigués de voir ces bouts d'essai
dans un décor glissant dans la mer profonde
tu ne sais plus quoi dire tu as trop attendu
une secrétaire prend les commandes le café
vient de chez Tim Horton's le Brésil est trop loin
Copacabana n'est plus qu'un mot qui danse bien
tu ne sais plus quoi penser l'Amérique fait ça
fait cet effet-là quand dans les verres de papier
tu vois disparaitre le sucre dans le noir
quand la jungle n'est plus qu'une légende qui s'en va
tu retournes sur les lieux où le soleil s'amuse
projetant l'éclat sur le métal trop chaud
la vitre de l'auto baissée et tu crains
tu cherches inventant dans ta tête une excuse
tu t'avances anxieux pensant aux orignaux

à leur marche lourde comme un secret empreint
dans leur mémoire lointaine d'un destin consenti
regarde tout est là personne n'a rien pris
tu files en vitesse vers la double voie
tu t'arrêtes pour cueillir des fleurs dans le fossé
leur beauté s'évanouit sur le siège de vinyle
leur corps luxuriant luisant comme de la soie
tu revois le plancher gris de contreplaqué
où tomberont épuisés leurs pétales fragiles
leur mort faisant contraste à leur parfum soumis
souvenir qui s'étale le long des murs blanchis
la tête renversée elle dort sur le siège avant
et tu ne sais pas à quoi elle rêve
le monde se déroule en ombres furtives
dans le pare-brise comme pris au piège
elle ouvre ses yeux bleus une seconde bien brève
ses cheveux s'agitent le vent la ravive
la route est là devant immobile et grise
elle défile elle bouge étalant son emprise
ton bouquet à la main tu entres accablé
la chaleur pénètre dans la maison de bois
tu as mis le compact de Patricia Kaas
sa voix rugueuse est un cri désaccordé
à ce qui se vit ici à ce qui se bat
ce qui nous concerne ce qui nous écrase
son disque semble moins bon que ses deux autres
le silence revient comme s'il était des nôtres
tu descends au sous-sol l'eau est montée partout
on tente de limiter le fléau le désastre
à la télévision des milliers d'hectares
inondés transformés en océan de boue
on estime les dégats en milliards de piastres
tu t'imagines prisonnier dans un phare

du haut de l'escalier où s'approche le secours
tu vois devant toi s'enfuir le monde à rebours
les nouvelles prédisent qu'il va neiger ce soir
sur le Montana d'autres fléaux mais aussi
un ouragan frappera la côte est cette nuit
le Mexique sera dévasté dans le soir
Eltsine est au sommet du G7 à Tokyo
il veut trois-milliards pour privatiser la Russie
près de Clinton Kim Campbell est tout sourire
il a fait bombarder Bagdad sans le lui dire
tu éteins la télé tout redevient sombre
il faut un certain temps pour voir surgir de l'ombre
les fantômes, les monstres de la nuit qui s'ébruitent
qui parlent de toi qui t'entraînent à leur suite
tu t'en vas avec eux tu les suis fatigué
leurs promesses sont vagues c'est le temps de rêver
mais ne crains rien puisque personne ne viendra
troubler notre sommeil ni pleurer dans nos bras


**J'aurais crié avec toi**
*Climats*, Éditions d'Acadie, 1996

c'était l'hiver
le soleil se couchait dans la glace
je te voyais blêmir dans les arbres
leur silhouette noire te goudronner
tu allumais la lampe
la maison sentait l'huile
je rentrais du froid
j'apprenais la noirceur
ton regard d'Indien aux yeux bleus
la flamme dans la maison secouée par le vent

les étincelles dans la nuit
ton cœur craquait de mystère
j'étais ton enfant au sens large du mot
j'étais aussi l'enfant du feu et du froid
je m'endormais dans ta voix
je ne doutais de rien
tu aurais dû me dire de ne jamais étudier le doute
tu aurais dû mettre ton panache
tu aurais dû sortir dans la nuit et crier
et je serais sorti avec toi
et nous aurions fait taire le vent
et toutes les malédictions qu'il répandait sur nous
mais tu ne voulais pas que la nouvelle s'ébruite
et te servais de ta voix pour m'endormir
j'ai appris la noirceur et le silence
j'ai appris la peur d'être emporté par le vent
je sais comme toi ce qu'il faut dire
aux enfants qui ont de la misère à s'endormir
est-ce là la cause de notre si grand sommeil
je sais tout ça pour toujours
il est trop tard pour désapprendre
je sais que d'autres enfants naitront
ils s'enchaineront comme des travailleurs
ils diront trop tard qu'on peut faire mentir le vent
dire que le vent peut souffler sur nous
il suffit de croire au pouvoir des mots
il suffit de brandir son cri
ne jamais s'excuser du froid
ne jamais s'excuser de la noirceur
ne jamais s'excuser de rien
faire comme si ce rien contenait notre secret
et vivre avec comme une blessure enfin dissimulée
une blessure qui s'est enfin fermée

**Départs**  *à Guy Duguay*
*Parcours*, 2005

et lui dans son manteau usé
l'homme là-bas
traversant un champ de vision
se prenant pour un autre
fugitif de toutes les rumeurs

regarde, regarde
tu l'as vu passer
il était là une minute à peine
il va repasser surement
il ne fait plus que ça
ce n'est pas comme s'il ne fait
jamais rien d'autre
repasser et réfléchir
il ne sait pas faire autrement
personne ne fait plus attention
la prochaine fois il sera plus courbé
il aura encore perdu du poids
il aura fait la paix avec lui-même
son visage sera marqué de stupeur
et toi toujours immobile
attendant qu'il aille ailleurs
attendant qu'il s'imbibe dans le décor
attendant ton tour de redire d'autres évidences

## Hélène Harbec 1946

*Ne m'oublie pas*
Va, 2002

Si tu veux
qu'une personne
ne t'oublie pas
tu lui donnes
des roches

Les deux roches
que tu m'as données
sont dehors
à ma porte


*Vieux cycliste*
Va, 2002

Nous n'avons plus
de temps à perdre
personne
tant pis
pour ceux qui tombent

Le vieux cycliste n'est pas tombé
nous avons tous été épargnés
de la honte publique
mais j'ai vu
l'ampleur
de notre démission

***Goéland blessé***
*Va*, 2002

Samedi matin, 11 h 11
rue Clément-Cormier
chauffeur de taxi
stationné en bordure de la route
veille goéland blessé
en attendant
Société protectrice des animaux
depuis une heure


***Millefeuilles au chocolat et physalis au sirop***
*Va*, 2002

Des mois ont passé
depuis que j'ai mis en pot
des cerises de terre
pour ton anniversaire
aujourd'hui j'ai trouvé
cette recette
du chef Jean Soulard
millefeuilles au chocolat
et physalis au sirop
partagerais-tu
ce dessert de château
qu'on en finisse
une fois pour toutes
du temps qui s'accumule
sur ce que j'avais de plus beau
à te donner, ce jour-là
j'ajouterai

la liste des dénominations
devant nos assiettes
physalis, alkékenge
cerise d'hiver, coqueret
groseille du Cap, lanterne chinois
tomate du Mexique
amour en cage

J'ouvrirai la fenêtre
après le repas
pour laisser s'envoler
l'oiseau
de papier parchemin
sur son aile
un pardon


**Cactus**
*Le tracteur céleste*, 2005

J'étais devant chez toi à minuit
le cœur sous le manteau
rabougri de haut sommet
la lune éclairait tes cactus
à la fenêtre
c'était déjà beaucoup


**Lambeaux**
*Le tracteur céleste*, 2005

Je continue de me rendre
au bout du chemin

que tu as pris mon amour
pour t'évader de moi
quelque chose naitra
de ta bouche muette
j'en cueillerai les lambeaux
j'en ferai tout et rien

**Tiges brunes**
*Le tracteur céleste*, 2005

Vous
les grandes tiges brunes
qui secouez votre chevelure
au vent poussiéreux
personne ne se soucie
à la vitre de l'autobus
de connaitre votre nom
vous n'êtes à leurs yeux
que des beautés envahissantes
le long des routes

Agglutinés
les voyageurs poursuivent leur coma
les yeux ouverts

**Sucre à glacer**
*Le tracteur céleste*, 2005

Rien n'est certain
pas même ce vent annoncé
fatigué de l'effort de grandir

viens jouer à la messe avec moi
ouvre ta bouche
que j'y dépose du sucre à glacer
communie à cette grâce
d'une fonte si douce
ne cherche pas les costumes
ni le décor
nous improviserons l'autel
du sacrifice

**Brouillard**
*Le tracteur céleste*, 2005

Cette montagne monstre gris
couché au pied de la maison
ne se lève pas
ne se déplace pas
dort depuis des siècles à venir
d'un sommeil étrange
laisse au matin
un brouillard
foulard de malade
qui se dérobe au soleil

**Chambre forte**
*Le tracteur céleste*, 2005

Septembre et rien d'autre
que cette feuille desséchée
suspendue à un fil d'araignée
voltigeant dans le vent

mes poèmes ne seront
jamais assez longs
pour en faire une chanson
d'amour

Ouvrons nos chambres fortes
ne craignons pas de perdre
rien ne s'emporte
là où je suis
j'aimerais valser avec toi
au-dessus des champs
parachute blanc
accroché à nos robes

Mais où est passé mon corps

## Deborah J. Clifton  1948
*À cette heure, la louve*, 1999, collection Acadie tropicale


***Canto***
(version française)

Je chante pour le monde sans mères,
        nos sœurs et nos frères orphelins
Je chante pour les petits sans pères,
        nos filles et nos fils abandonnés.

        Marchez-vous dans les rues
        de n'importe quel village
        et vous verrez les sacrifices humains
        quittés là par des bons chrétiens
        et les fils du diable qui se détournent les yeux.

Je chante pour les filles
        qui se vendent dans les portes
et les fils de tout quelqu'un
        qui se donnent sur les chemins.
Je chante pour les esclaves
        de l'alcool et du crack
et pour les maquereaux
        qui se graissent les mains de l'argent.

Temps par temps auras les chats
il y a la maman
qui prend la folie
et dévore ses petits.
Mais chez nous les humains
ça se passe tout partout tous les jours

et personne ne dit rien
ou que ça se croit innocent.

      Marchez-vous dans les rues
      de n'importe quel village
      et vous verrez les sacrifices humains
      quittés là par des bons chrétiens

      Et si on se détourne les yeux
      et on ne dit arien,
      les fils du diable, ça fait nous.


***Exercice de conjugaison***

Mo t'olé parti
et mo va parti
m'apé pour partir marron.
To peux guetter
      tout alentour
to capab mais brailler pour moi.
To té menti'm
pour la dernière fois
mo pas pé écouter yé encore,
mais le tour c'est fait
et le jour c'est vini,
pour moi, mo partir marron


***Li vini trop pitit to calebasse***

Mo pas connais eyoù to parti
Mo pas connais s'ina ein BonDieu

Mais si y'ena
Mo sè l'aimé croit to parti auras li.
Mo pas connais tout qui-ça té rivé toi
Mo pas connais pourquoi to té gain passer comme ça
Mais mo pas connais eine quichose
        Li vini trop pitit to calebasse.

Ti macaque, to té mandé moi qui-ça ça olait dire
Ti macaque, to vini trop grand pour garder li.
        Té gain pour sortir
        Té gain pour haler toi de là
        Té gain pour quitter nous.

To cœur, li vini trop grand
calebasse-ça vini to prison
Li vini trop pitit to calebasse,
Ti macaque, to volé dans l'autre monde.


***Tout au ras du grand bayou***

Tout au ras du grand bayou
éyoù
mo, j'ai *gone* rôder,
mo, j'ai vu une jolie fille,
tout mo cœur
tait tracassé.

        Bébé, tu connais,
        mo, je te l'aime en tas.
        M'ap brailler, m'ap souler,
        tous les jours pour toi.

Mo, j'ai vu une jolie fille.
Tout mo cœur tait fracassé
Je m'ai caché dans les bois
Comme Maitre Chaouï m'ap sourier.

Bébé, tu connais,
      mo, je te l'aime en tas.
      M'ap brailler, m'ap souler,
      tous les jours pour toi.


## *Cuauhtémoc*

    Capot zozo
    capot en ruines
    couronne de plumes
    couronne en déguines
    l'aigle volé
    l'aigle-l'a crevé
    li encore l'aigle.

Pas gain la terre
pas gain cimitère
li fait que pas fantôme
rôder la frontière,
li encore l'aigle.

    L'aigle ça tombé
    d'en haut en bas
    peut d'être capotié
traité en verrat
tout ça yé ça fait'l

compte pas pour grand chose
le cœur de l'aigle, fait l'aigle.


**Hangover Rap**

To levé toi le matin
to paré pour vomir
en arriè de to z'yeux
yé senti yé froumi
to gain mal au ventre
to gain mal à la tête
to guetté dans miroir
tout ça to voit to pas l'aimé.
Ça fait lahaine,
lahaine
lahaine de soi.
Ça pas lapeine.

En bas to connaissance-là
to senti yé dry-heave
to gain lapeau proche bleu
froumi-yé paré pou vivre
to té boit du *Lysol*
to té boit du *shampoo*
pis to té chassé ça
vec du gel et *Pine Sol*.
Ça fait lahaine
lahaine
lahaine de soi.
Ça pas lapeine.

To *two-dollar-high*
té pas sauvé tout ça t'olé
pou to buzz à froumi
ina un prix to pas payé
to fini lanuit
blié yoù té commencé
et la criminelle
qui-ça qui-ça to fait ?
Ça fait lahaine
lahaine
lahaine de soi.
Ça pas lapeine.


**Belle Créole**

Belle créole,
quoi faire tu rôdes dans des pays étrangers
éyoù ça ne te peut pas reconnaitre ?
Mais garde donc moi
après brailler pour toi
dans la savane.

Mais tu connais
les autres pays
ne peuvent pas faire si bien pour nous.
J'ai des larmes
dans mes yeux
pour le maltraitement t'as eu.

Chère négresse,
t'es partie,
mais c'est pour casser mon cœur,

et pour quitter moi tout seul.
Mais garde donc moi
ton vieux nègre après misérer,
roulailler dans les chemins.

Moi, je connais
il y aura un jour
tu vas revenir à la grande savane.
Puis même
les malfaiteurs
vont d'être contents de ton retour.

Belle créole, tu vas revenir à la terre pour toi,
et au moun qui te reconnais,
et à moi, le pauvre créole,
qui est après t'espérer,
et qui t'aime autant.

## Ulysse Landry 1950-2008

*Peut-être...*
*Tabous aux épines de sang*, Éditions d'Acadie, 1977

Peut-être
faudrait-il aller nous souler ailleurs
puisqu'on interdit les tavernes dans les sous-sols d'église

Peut-être
faudrait-il faire nos adieux
et nous mettre en attente sur des trains sans départs
puisqu'à la fin
tout revient au même suicide
le nôtre
qui nous ramène inconsolables aux mêmes taudis

Peut-être
faudrait-il mettre feu au pays
pour n'avoir plus à compter sur la bêtise du voisin
et peut-être pourrions-nous nous installer
sur des iles anonymes
et jouer à la poupée
et lui faire l'amour sous la silhouette du crucifix

Peut-être
faudrait-il effacer les stigmates de nos mains
et rejoindre la certitude des tombeaux oubliés
en imaginant des pays où le Christ est mort en calvaire
dans un bain de sang chaud
parfumé comme un sexe humide
et où il attend la fin des jours que son père lui a promis

Peut-être
faudrait-il simplement nous taire
et mourir comme des sardines fricassées
Peut-être
que je pourrai témoigner d'où sont venus les assassins
mais jusqu'à ce jour
j'attends indomptable l'amnistie de mes fautes
en sachant qu'il me faudra redire mes échecs
mais je mourrai
j'entendrai un cri provenant de la nudité des monts
avec un sifflement de flèche à l'arc inconnu
et je contemplerai mon cœur fracassé contre un grand sapin blême
et je serai mort
je serai mort insatisfait
et je reviendrai vous parler de ma mort


**Je joue avec les mots**
*Tabous aux épines de sang*, Éditions d'Acadie, 1977

Je joue avec les mots que tu écris
sur des feuilles de calepin
que tu piques chez Woolworth's
et que je trouve dans mes *sneakers*
après ces nuits
où nous sommes partis en déluge

je joue avec tes seins
comme un verre de Pepsi
et tu éteins ta cigarette
tandis que la foule se noie
dans le pot de moutarde
et que personne n'ose partir sans payer

c'est comme si toi et moi nous avions compris les trottoirs
assez pour y marcher
contre le trafic de cinq heures
main dans la main
vie dans la vie des mirages
puisque dans le Variety Store de la prochaine rue
nous ne trouvons pas
l'orifice de nos promenades en forêt

ensemble de miroitements
à jeux de carrosserie
à senteur de gazoline

et tout à coup la ville perd son silence
Main Street titube contre les gens
mais l'univers oublie de rire

les ivrognes jouent du tambour
sur leur nombril
qu'ils n'ont pas vu depuis quinze ans
ils ont perdu derrière leur tête
d'autres idées

et toi et moi surpris de vivre
nous insistons pour épargner demain

mais restera-t-il encore demain
des hommes de chair
pour parler aux atomes

***Paysage lunaire***
*L'espoir de te retrouver*, 1992

Ce soir la neige est blanche
Et je n'ai pas besoin de savoir pourquoi
Ce soir la lune s'attarde à ma fenêtre
Comme une assiette allumée dans le ciel
Et qu'on n'a pas besoin de laver
Après le repas du soir
Demain ou plus tard
La neige aura perdu
L'éclat de sa peau neuve
La lune n'est pas toujours là
Pour éclairer la pureté de l'éclat
Même si ce n'est qu'une illusion
La lune est plus souvent vide
Que pleine
Et tout se transforme si vite
Qu'on n'a pas toujours le temps
De s'émerveiller
Ça n'explique surement pas pourquoi
J'écris souvent sur une surface plane
En cherchant les mots qui me rassurent
Comme pour me protéger
De l'accident qui surgit
Avec ses pièces de fausse monnaie
Et les bois dans les roues
Qui me laissent toujours l'âme en sang
Je n'écris surtout pas
Pour faire peur à qui que ce soit
Et pourtant l'effroi manque rarement
De saisir l'occasion

Sans permission
Et la clarté du paysage
Qui attend le soleil de demain
Ne suffit pas toujours à l'étouffer


**Vue d'ensemble**
*L'espoir de te retrouver*, 1992

La perception du monde enivre
Au point de ne plus rien voir
C'est parfois la magie brutale
Dans les ruelles mal éclairées
Et les regards qui se détournent
Pour ne pas avoir à en parler
Tandis que les rêves se contredisent
Et font des pirouettes qui étourdissent
Le tourbillon s'amplifie
Dans un cauchemar bien entretenu
Poussière fine
De maladresses sans caresses
Au bout des bras rigides
Dans des pansements de préjugés
Qu'on cultive dans la culture
Sans que personne ne se le dise
De toute façon
Personne ne le sait vraiment ouvertement
C'est dans la nature du préjugé
De s'effacer sous une conscience claire
C'est ambigu dans toutes les dimensions
Ça confond le message qu'on cherche dans les mots

***Prière du soir***
*L'éclosion*, 2001

Créateur du ciel et de la terre,
où es-Tu donc passé sous le soleil de minuit
dans la confusion nocturne du temps qu'il fait ?
On Te cherche désespérément un visage
dans les creux et dans les plis,
dans le jus de la terre
à senteur de mer.
On Te réclame
chaque fois que le volcan éclabousse
sa brulure mortelle,
chaque fois que l'océan rugit ses naufrages
et que le vent déracine bras et jambes.
On s'émerveille et on s'effraie
dans les bras de la mère
sous les yeux du père,
quand les fleurs reviennent,
après ces hivers toujours trop longs.
On voudrait terriblement
donner un visage à Ton nom
qui ne soit pas trop terrifiant,
Toi qu'on n'a connu
que dans le moisi des livres sacrés
auxquels on ne croit plus.

## Zachary Richard 1950
*Faire récolte*, 1997, collection Acadie tropicale

### *Rouge d'amour (Rouge de Namur) à Arthur Rimbaud*

À la cathédrale de la Sainte-Souffrance
    Vomissant mes tripes
        La croute séchée sur ma manche
Pendant qu'on dormait par terre
    La pierre froide et dure
        La pure clairté
Trop cruelle pour cette saison,
    Je t'aime,
        J'ai tranché mon ventre pour toi,
L'odeur de merde et d'alcool.

Cette nuit à Namur
    Les bourgeois cachés
        Sous leurs couvertures
Isolés la vérité mise dehors
Sur le trottoir mais au bistro
    Les endiablés leurs visages
Perdus couleur blanc
    Leur sang teindre le
        Couteau de la sauvage
Intransigeance, leurs dents
    Noirs de fumée, leurs yeux
        Jaunes et sans reconnaissance

Espoir de Bruxelles aux vitrines
    Les putes de la nuit désaffectée
        Les seins tombants les

Hanches violets et rouges
    La blessure d'amour
        À leurs lèvres et
Sur leur sexe
    Je t'aime, je t'aime
        Et je veux te tuer
Parce qu'il faut aimer
    Parce qu'il faut aimer
        Quelqu'un


*La Vérité va peut-être te faire du mal*

Victimes de nous-mêmes
    étranglés à nos propres mains
    parrain tu me battais
    parler anglais pas parler français
    pas parler rien du tout. Silence.
    tais-toi, dérange pas. *Behave yourself.*
    cette fois une autre râclée qu'on se donne
    battus au bâton de notre tristesse
    fouettés au fouet de notre chère souffrance
    les pauvres Cadiens souffrants
    les pauvres Cadiens qu'ont perdu leur pays
    qu'ont perdu leur langue
    qu'ont perdu leur fierté
    qu'ont perdu tout court.

Bande de couillons pauvres pervertis
    ici on parle ce qu'on veut et
    je m'en fous si j'ai assez bu de te
    révéler la vérité et la vérité c'est
    qu'on a trop peur franchir barrière

>     trop peur de fâcher le voisin
>     on est trop civilisés, trop antiseptisés
>     trop américanisés, baptisés dans l'hypocrisie
>     la folie nous fait fléchir et tourner de bord
>     avec remords on s'est taillé un costume
>     de Sainte-Victime les pauvres Cadiens
>     chassés de leur pauvre pays dans les
>     pauvres bateaux, arrivés pauvres
>     aux pauvres côtes de cette pauvre rivière
>     pendant que ma pauvre grand-mère
>     chantait sa pauvre berceuse
>     pendant qu'on n'avait rien à manger
>     et qu'on était pauvre.

Bande de couillons, je voudrais planter
>     une bombe à *Lafayette Electric*
>     bruler l'*Oil Center*. Si on est tant
>     persécutés, prenant la Maison de Court
>     refuge pour les réfugiés de la terre
>     faire du grand évêque otage à notre rage
>     si tu peux *drive* la char moi j'ai
>     les allumettes, bandes de jupettes.

Comme si on pouvait s'excuser
>     de se laisser aller comme si y avait une
>     raison pour notre pauvre sort
>     à part notre pauvre paresse et
>     un manque de couilles plus accommodant
>     faire semblant rester bien à l'abri
>     de notre mythologie couillonneuse les
>     pauvres Cadiens c'est pas eux c'est
>     les Anglais, c'est les Américains

les fils de putains, mais cher ami
c'est pas ainsi, c'est pas eux
c'est nous, c'est pas lui, c'est vous
c'est pas toi, fils de putain, c'est
moi qu'a rien fait pour sauvegarder
français pendant deux-cents ans
c'est moi qu'a rien fait en 1755
c'est moi qu'a choisi l'argent
le confort, c'est moi qui dors
c'est moi qui veux pas déranger
c'est moi, mon fils de putain, c'est moi.

En 1974, je pétais feu, je bousculais la cabane
je criais seul au long du bayou tard la nuit
les habitants cachés derrière leurs portières
et dans leurs lits leurs couvertures couvrant
leurs yeux et leurs oreilles
et moi et ma misère au clair de la lune
la jogue au plombeau comme le cousin
qui boit de trop et qu'on voudrait pas
laisser rentrer mais qu'on peut pas
laisser dehors, peur qui va casser
le bric-à-brac mais n'aie pas peur, mes
vieilles poules, je me suis rangé, bien
présentable mes cheveux bien léchés mon
*suit* bien propre *yes sir no ma'm*, capable
d'aller en société poli, bande de couillons
bande de *goddamn* sans couilles, bande de
*has been*, bande de rien du tout on s'en fout
s'habiller comme y a cent ans
jouer les misérables faire les couillons
pour les touristes américains, tu penses que
ton grand-père serait fier te voir

    devant ton miroir déguisé en mangeur de
    merde tu penses bien faire
    ma Chère Empêcheuse, *coonass coonass*
    danser comme il faut sans gestes en dessus
    de la taille, pas faire de fautes
    pas péter à table.

C'est pas de ta faute, c'est la faute des
    Américains, c'est pas de ma faute, c'est
    la faute à toi, bande de catholiques
    faudra trouver un coupable le gout de
    merde écrasée comme une hostie sur
    ta langue et dans ta bouche
    *singing folk songs of the*
    *Louisiana Cajuns*, bande de sourds
    *it's not in here*, bande de couillons
    *it's out there*, bande de sans couilles.
    C'est pas le passé, bande de perdus
    c'est l'avenir, c'est pas les vieux
    bande de couillons, c'est les jeunes.

Tu dis sauver le français en salon de thé
    le petit doigt levé puant la politesse
    des coups de poing *who gives a shit*
    c'est pas les *French teachers*
    c'est les terroristes
    c'est pas des journalistes
    c'est des fatras avec des allumettes.

À l'autel de la sainte *Persecution Complex*,
Au nom de la merde, du pisse et du petit pipi,
Parle français ou crève, maudit.

## Rino Morin Rossignol  1950
*Intifada du cœur*, 2006

*la vie, le temps*

Voici le temps venu de dire l'impensable, de refuser cette grande illusion qui fit de moi, jadis, un homme ébloui dans la nuit. Voici le temps venu de dire l'indicible et de franchir la grille cadenassée d'une vérité qui éclate dans ma chair.

*

L'amour, puisqu'il faut bien nommer le traitre, s'est buté à l'âge lucide, à la conscience du multiple désir, aux amants de passage, au refus de la mise en scène. L'amour est un tourment qui ne cède ni ne clame. Il est du temps qui fuit, autant que du passé assoupi. L'amour est un non-dit qui récidive parmi nous, quand coule sur l'ardoise le fiel cinglant de l'amertume.

*

Faudra-t-il, pour dire mon chagrin, aller boire jusqu'à la lie le vin aigre des mots rances et des yeux foudroyants, le sourire narquois de l'opprimé, de l'oppresseur, le geste las d'une main tremblante levée pour signer un adieu aussi faux qu'inutile ?

*

La lumière tamisée du jour avance à grands coups de silence. L'homme est assis devant un écran morne touchant du bout des doigts les signes minuscules qui donneront sens à sa vie. L'homme cherche en lui, peut-être l'a-t-il déjà trouvé, le signe essentiel qui dira son nom et payera la rançon de toutes ses fautes et absoudra sa vie de tout doute, de toute méfiance, de toute aboulie.

\*

L'homme dense mais fragile gravit sans le savoir l'escalier convoluté de la prière. Oui, l'homme aime et reconnait en lui le visage d'une humanité en déroute.

\*

Devant : écran opaque, surface abyssale, où l'homme aligne des mots, entomologiste du verbe, vie jaillissant dans une autre dimension, réalité virtuelle à l'abri des intempéries de novembre.

\*

Novembre est un mois chagrin, il n'y a pas de désir en novembre, tout juste la plate certitude que le froufrou estival des érables verts, qui font office de parasols géants dans les parcs aux mois chauds, a cédé la place aux sifflets perfides des vents venus du nord éteindre la lumière de l'été.

\*

Tout juste la conviction intime que la nature fait pénitence après l'éblouissant mirage des soleils exhibitionnistes de juillet.

\*

Derrière l'écran, le mur orangé. Et sur le mur, une toile, achetée, jadis, en pleine extase psychédélique un soir de fête étrange dans une piaule minable qui se donnait des airs de grand salon. Satori pour un poète stérile qui avait su déceler dans les symboles d'un peintre, tout le drame de l'incarnation.

\*

Sur la gauche, une aquarelle évoquant une scène champêtre, des vallons ronds et verts, des toits rouges, des clôtures de bois. Substrat ancestral pour un poète déraciné qui avait cru lire dans les lignes gauches d'un peintre naïf toute l'ardeur du bonheur.

\*

Sur la droite, une eau-forte, nature morte aux pommes orangées et aux raisins lime, plaquant délibérément, devant les yeux du poète affamé de paradoxes, la palette à la fois chaude et froide du désir et de l'absence.

\*

Menus objets dessinant l'histoire d'un homme toujours enfant, marchant seul vers la vieillesse, étonné d'être heureux, heureux d'être étonné.

\*

Novembre peut bien gémir dans les arbres dépouillés, novembre peut bien prendre un air glacial et menacer toute âme qui vive d'un hiver sans scrupule et sans rémission, novembre peut bien tenter d'obscurcir la lumière du jour, n'être qu'un frisson gris et pluvieux, avant longtemps novembre passera, novembre ne sera plus qu'un désagréable souvenir, novembre s'éclipsera à jamais.
Et bientôt, déjà, il sera temps de retourner au marché faire orgie de

pétunias, de lobélies, de pensées, de géraniums, de giroflées, de corbeilles d'argent, d'héliotropes, et d'impatientes. Novembre se mue en promesse de lumière.

*

Irrémédiable automne devant l'arbitraire de la vie. Celle qui coule droit devant, celle qui sillonne derrière. Le vent tourne, le vent se lève sur les flancs ravagés du désir et l'homme est encore chargé d'ambition et de promesses.

*

Voici le temps qui déferle en son for intérieur, comme une bande-annonce, pour vanter un mélodrame. Voilà, le mot est dit : mélodrame. Mélodrame sans issue, jonché de mâles superbes et penauds, et immensément exigeants dans le silence dont ils drapent leurs illusions.

*

Voici l'homme encore assailli de mots incommodes. Est-ce le gris du vent ? La nacre d'un ciel ondulant entre pluie et brouillard ? Est-ce vraiment lui qui jongle avec des mots pour dire l'éternelle lenteur du destin ?

*

La plume défriche, comme jadis la hache des aïeux et des autres, fendant le bois, vidant la forêt, faisant place nette, pour un champ à labourer, une récolte à engranger. La plume sème le festin de demain.

Encore des mots épars dans l'orbite du silence. Des mots sans nom, des mots sans son. Oiseaux sans nid pour cacher la douleur. Oiseaux sans ailes pour la fuite des choses.

*

Les mots se sauvent. Je les vois courir devant la plume. Ils se défilent. Peut-être n'ai-je plus rien à dire. Aussi bien raconter ma vie. J'aime la date de ma naissance. Je suis peut-être né à l'aube. J'aime l'aurore. J'aime ouvrir les yeux avant que le soleil ne plonge son gros œil d'or sur nos vies déconnectées. Et puis c'est tout. La vie est dite. Rien d'autre que le silence pour saluer ma naissance.

*

C'est le gris qui irise la solitude. Gris mat, entre quatre murs orangés. L'homme habite un univers pastel qu'il aimerait dépouillé de tout artifice, de tout ce qui pourrait détourner le regard. Une plainte jaillit dans le silence. Comment dire la réalité écrue d'un ennui mortel, désabusé, prêt à se dissoudre dans l'irréel paradis de la fuite ?

*

Son temps est fait. Le sablier est vide. Le temps est silence. Tout est noir. Tout est mort. Tout est là aussi, qui n'attend que son souffle de vie, dehors. Le ciel est une peluche grise. Novembre grisonne. Le temps vieillit. Tout est là : la vie, le temps.

**Jean Arceneaux 1951**
*Suite du loup*, 1998, collection Acadie tropicale

### Je suis Cadien

Je suis Cadien.
Longtemps passé, j'étais Français.
Je suis venu sur la frontière
Pour bien trouver la paix
Pour voir un beau soleil se lever
Sur une nouvelle terre
Que je travaillais pour moi-même.
J'ai bien appris la leçon du Nouveau Monde.
Je suis devenu Acadien.
Avec des voisins Mi'kmaqs et Souriquois
Irlandais et Écossais.

    J'ai fait une vie.
    J'ai fait une identité.
    J'ai fait la pêche.
    J'ai fait la récolte. J'ai fait l'amour.
    J'ai fait des enfants.
    J'ai fait de l'histoire.

Mais les Anglais ont gagné ma terre
Dans une guerre sur une autre terre,
Une affaire que je ne comprenais guère.
Eux, ils ont bien compris.
Ils sont venus en Acadie
Pour faire des demandes,
Pour déranger la paix.
Le soleil s'est couché

*Jean Arceneaux*

Et je me suis trouvé
Avec les pieds noyés dans l'eau
Au fond d'un bateau.
J'ai bien appris la leçon de la force.
Je suis devenu un exilé
Pour errer dans ce Nouveau Monde
Sans planter les pieds nulle part
Pour longtemps à la fois.
J'ai vu un nouveau coucher de soleil chaque jour.
Je me suis trouvé en prison.
Je me suis trouvé à la quémande.
Je me suis trouvé à la crève de faim.
Je me suis trouvé à pied.
Il y en a qui ont regriché le courant
Pour retrouver l'Acadie devenue *Nova Scotia*
Pour devenir Acadiens malgré tout.
Moi, je l'ai suivi
Pour me rendre en Louisiane
Pour bien retrouver la paix
Pour voir un beau soleil se lever
Sur une terre isolée
Avec les pieds transplantés sur quelques arpents
Que je travaillais pour moi-même.
J'ai bien appris la leçon de la chaleur.
Je suis devenu Cadien.
Avec des voisins Français et Espagnols
Allemands et Africains,
Attakapas et Chitimachas.

    J'ai fait une nouvelle vie.
    J'ai fait une nouvelle identité.
    J'ai fait la pêche.

*Jean Arceneaux*

>J'ai fait la récolte. J'ai fait l'amour.
>J'ai fait des enfants.
>J'ai fait de l'histoire.

Mais les Américains ont acheté ma terre
Dans une affaire pour une autre terre
Une affaire que je ne comprenais guère.
Eux, ils ont bien compris.
Ils sont venus en Nouvelle Acadie
Pour faire des commandes
Pour déranger la paix.
Le soleil s'est couché
Et je me suis trouvé
Avec les pieds embourbés
Dans l'huile au fond d'un baril
Pour regarder un autre soleil
Qui se couchait jamais
Avec les pieds croisés sur le sofa
Devant la télévision.
J'ai travaillé pour de l'argent.
J'ai bien appris la leçon de l'assimilation.
Je suis devenu un *coonass*.
Je connaissais plus mes voisins.

>J'ai acheté une vie à crédit.
>J'ai eu une carte d'identité.
>J'ai pas eu le temps pour la pêche.
>J'ai vendu ma récolte.
>J'ai perdu ma belle.
>J'ai envoyé mes enfants au *summer camp*.
>J'ai appris l'histoire des autres.

Je me suis trouvé à travailler pour la banque.
Je ne mettais plus les pieds sur la terre
Qui était travaillée à la part par un étranger.
La compagnie a acheté mes droits de terre
Dans une affaire pour très cher
Une affaire que je ne comprenais guère.
Eux, ils ont bien compris.
Ils sont venus en Louisiane
Pour faire des profits
Pour vendre la paix
Et je me suis trouvé avec les pieds en l'air
À côté d'une caisse de bière
À l'ombre du soleil sous un grand chêne vert.

Acadie tropicale
Acadie tropiquante
Acadie, mon amie
Tourne-toi de bord
Tu ronfles trop fort.
Tais-toi et reste tranquille.
Ton temps est longtemps passé.
On n'a pas trop envie que tu vives
Vraiment.
Pas trop.
On a peur de réveiller
La force qui dort en paix
Enfin.
On est bien assez content
De te faire rêver doucement
Sans y croire.
Pas encore.
Trop fort.
Dors.

*Jean Arceneaux*

Mais le lendemain de la veille
Je me trouve dégouté
En exil chez moi
Avec une culture perdue entre deux langues.
J'ai appris la leçon du stigmate.

*I will not speak French on the schoolgrounds.*
*I will not speak French on the schoolgrounds.*
*I will not speak French…*
*I will not speak French…*
*I will not speak French…*
Hé ! Ils sont pas bêtes, ces salauds.
Après mille fois, ça commence à pénétrer
Dans n'importe quel esprit.
Ça fait mal ; ça fait honte.
Et on *speak* pas *French on the schoolgrounds*
Et ni *anywhere* non plus.
Jamais avec des étrangers.
On sait jamais qui a l'autorité
De faire écrire ces sacrées lignes
À n'importe quel âge.
Surtout pas avec les enfants.
Faut jamais que, eux, ils passent leur temps de *recess*
À écrire ces sacrées lignes.

> *I will not speak French on the schoolgrounds.*
> *I will not speak French on the schoolgrounds.*

Faut pas qu'ils aient besoin d'écrire ça
Parce qu'il faut pas qu'ils parlent français du tout.
Ça laisse voir qu'on n'est rien que des Cadiens.
*Don't mind us, we're just poor coonasses,*

*Jean Arceneaux*

Basse classe, faut cacher ça.
Faut dépasser ça.
Faut parler en anglais.
Faut regarder la télévision en anglais.
Faut écouter la radio en anglais.
Comme de bons Américains.
*Why not just go ahead and learn English.*
*Don't fight it, it's much easier anyway.*
*No bilingual bills, no bilingual publicity.*
*No danger of internal frontiers.*
Enseignez l'anglais aux enfants.
Rendez-les tout le long
Tout le long jusqu'aux discos
Jusqu'au *Million Dollar Man*.
On n'a pas réellement besoin de parler français quand même.
C'est les États-Unis ici
*Land of the Free.*
On restera toujours rien que des *poor coonasses*.

    *I will not speak French on the schoolgrounds.*
    *I will not speak French on the schoolgrounds.*

*Coonass*, non, non, ça gêne pas.
C'est juste un petit nom.
Ça veut rien dire.
C'est pour s'amuser, ça gêne pas.
On aime ça, c'est *cute*.
Ça nous fait pas fâcher.
Ça nous fait rire
Mais quand on doit rire, c'est en quelle langue qu'on rit ?
Et pour pleurer, c'est en quelle langue qu'on pleure ?
Et pour crier ?

Et chanter ?
Et aimer ?
Et vivre ?

Je me sens seul sur la terre
Après trainer les grands chemins
Pour courir après des feux follets
Au grand milieu de la nuit.

[...]

    J'imagine une nouvelle vie
    Je rappelle une ancienne identité.
    Je fais la pêche.
    Je fais la récolte.
    Je cherche l'amour.
    J'apprends des enfants.
    J'écris mon histoire.

Je voudrais voler ta peur
Je voudrais voler ton cœur
Je voudrais voler assez de temps
Pour te faire écouter une seule raison
Et je voudrais voler avec les oiseaux dans le vent.

Vent de Carême, ôte-moi de mon deuil.
Souffle donc de ta chaleur
Pour faire pousser des feuilles
Pour couvrir les branches de ma peur.

Pourquoi écrire ?
Personne va lire.
Tu perds ton temps

À cracher dans le vent.
La poésie, c'est grand
Pas pour les enfants
Ni les illettrés, ni les acculturés.
Ils n'ont rien à dire
Et, ça qui est pire
Même s'ils en avaient
Il faudrait le faire en anglais.

Mais ça change dans la grange.
Il y a du nouveau foin.
Entassé dans le coin.
Et il va se faire voir, lui.
Il a attrapé de la pluie.

Hé, tu connais
Il y a des fois que je me sens
Embêté, empêtré, empêché, éméché,
Cogné, pogné,
Manié, gagné,
Jeté, gelé,
Gâté, pâté,
Plaqué, laqué,
Giflé, reniflé,
Gagé, naufragé,
Halé, calé, emballé,
Rapporté, redouté, renvoyé,
Lâché, fâché, mâché, craché,
Gardé, lardé,
Ruiné, fouiné,
Roulé, foulé, plumé, écumé, enrhumé,
Consumé de fumée,
Amarré, taré, carré,

*Jean Arceneaux*

Barré, bourré, beurré,
Fané, damné, tanné, boucané,
Fouetté, guetté,
Quêté, quitté,
Fatigué, castigué,
Hanté, denté, choqué, bloqué, moqué,
Dépêché, léché,
Encaissé, abaissé, délaissé,
Délayé, effrayé,
Donné, abandonné, désordonné,
Fêlé, mêlé, sellé,
Dupé, stupéfait,
Malaccordé, malabordé,
Ridé, vidé d'idées,
Et cassé des pieds,
Mais d'autres fois, je me sens pas mal du tout.

Un cri amer,
Bye-bye peine,
Bye-bye misère,
Bye-bye semaine.
C'est pas dur à dire
Quoi faire on n'a pas lâché.
Ça aide à rire
Quand on devrait pleurer.

Je vais le faire,
Je suis Cadien.

# Ronald Léger 1952

*Acquis quoique toi*
tachyAcadie, 2003

à qui que tu
à qui que tu te
à qui que tu te tues
à qui que tu te tues toi

à qui que quoi que
à qui que quoi que toi
à qui que quoi que toi tu
à qui que quoi que toi tu te
à qui que quoi que toi tu te tues
à qui que quoi que toi tu te tues toi

à qui que tu
à qui que tu te
à qui que tu te tues
à qui que tu te tues toi

à qui que quoi que tu crois à qui que tu crois te tues toi
à qui que quoi que tu crois à qui que tu crois te tues
à qui que quoi que tu crois à qui que tu crois te
à qui que quoi que tu crois à qui que tu crois
à qui que quoi que tu crois à qui que tu
à qui que quoi que tu crois à qui que tu
à qui que quoi que tu crois à qui que
à qui que quoi que tu crois à qui
à qui que quoi que tu crois à
à qui que quoi que tu crois
à qui que quoi que tu

*Ronald Léger*

à qui que quoi que
à qui que quoi
à qui que
à qui que tu
à qui que tu te
à qui que tu te tues
à qui que tu te tues toi


**le miracle**
*tachyAcadie*, 2003

j'me souviens du Pére Cormier
le frére de ma mére
quand i' v'nait chez nous
on changeait d'hardes pis d'parler
c'était des vous icitte pis des vous par là
i' restait à Québec
on savait qu'i' était différent
i' portait une robe noire
i' appelaient ça une soutane
pis j'avais déjà pris un bateau à Matane
pour aller le ouère
j'avais demandé à ma mére
c'était quoi toutes les p'tits sacs de papier
su' le bateau
pis j'ai *findé out*
pis ça pas pris longtemps

j'me rappelle un Noël
j'avais eu une toupie
c'était comme un miracle
y avait toutes sortes de couleurs su' ça

des chevals pis comme une *merry-go-round*
pis là tu poussais
de plus en plus vite
pis tout d'un coup y avait pus rien
un *blur*
pus d'chevals
pus d'*merry-go-round*
juste un *blur*
comme un miracle
*but* là ça *slowait down*
pis les chevals pis la *merry-go-round*
étaient *back*
comme un miracle
pis là je r'commençais
c'était mon *favorite* cadeau
pis mon *hockey stick*

ben i' est v'nu souper Pére Cormier ce Noël-là
i' f'sait pitché
parce qu'i' a avait pas d'enfants
pis pas d'famille
tout l'monde des vous icitte
pis des vous par là
i' me ramassait pis i' me chatouillait
i' me chatouillait jusqu'à c'que j'me mette a brailler
ça faisait vraiment mal
ça m'faisait des poings dans l'côté
*but* i' continuait
jusqu'à ce que j'pisse dans mes tchulottes
pis là tout l'monde arrêtait de rire
c'était moi le méchant
pis j'allais changer mes hardes
pis tout l'monde des vous icitte

*Ronald Léger*

pis des vous par là
quand chus descendu d'en haut
tout l'monde était dans le deuxième salon
on n'allait jamais là
i' f'sait trop noir pour aller jouer au hockey dehors
*but* j'ai vu ma toupie
pus d'chevals
pus d'*merry-go-round*
juste un *blur*
comme un miracle
les chevals pis un *blur*
comme un miracle

pis là Pére Cormier i' est v'nu me ouère
i' m'a mis dans les airs
pis i' me d'mandait c'était quoi que j'jouais avec
j'i' ai dit qu'c'était une toupie
« Ben non, non, c'est un parasol »
pis là i' a r'commencé à me chatouiller
« C'est quoi encore ? »
pis j'i' répondais qu'c'était une toupie
« Ben non, c'est un parasol »
pis là i' continuait à m'chatouiller
« Pour la troisième fois
je te demande, c'est quoi ? »

en tout cas
j'i' ai dit qu'c'était une toupie
pis pour être sûr qu'i' me comprenne
j'l'ai *corké* avec au-d'sus d'l'œil
i' m'a r'mis par terre
pis i' a arrêté d'me chatouiller
parce qu'i' saignait pas mal

chus monté dans ma chambre
pis j'ai barré la porte

la *next time* qu'i' est v'nu chez nous
i' m'a pas chatouillé
pis i' m'a d'mandé
si j'avais encore ma toupie

**le lavage**
*Les poissons s'arêtent*, 2007

mon père se nommait Paul
d'après un martyr
un bon chrétien flagellé par sa conscience
du bien et du mal des souliers cirés
le samedi soir
avant la *hockey game*
des Canadiens de Montréal
et des frères Richard

ma mère Linda était une servante d'hommes
les enfants, les repas, les lavages, un langage

son père s'appelait Philippe
il travaillait au CN
il portait un uniforme
sa femme Alice a eu quatorze enfants
et ma mère les a nettoyés
c'était la plus vieille
et Alice n'était pas au Pays des Merveilles
Phil lui, y allait aussi souvent que possible
à chaque fois qu'il ouvrait une bouteille

*Ronald Léger*

j'ai eu un chien que j'ai nommé Phil
il courait vite
Wilson était mon voisin
un Anglais avec une bouchure
et un jardin organisé
la civilisation d'un conquéreur de nations
avec deux enfants

la taweille se promenait de maison en maison
elle m'a sauvé la vie avec une potion magique
il mouillait et ma sœur me pigouillait
la pluie tombait en queues d'ouragans
de la côte est américaine
les branches dans la rue Spurr
les arbres déracinés de la ville de Moncton
un beau matin de surprises avec des aventures
de l'autre côté de la rue

mes oncles et mes tantes de l'Ontario
et ma famille des Zétats arrivaient
avec des avions et des élastiques
des caddies au diésel
et des chameaux sur les paquets de cigarettes

mon père fumait des Sportmans
un paquet jaune avec un pêcheur content

à l'église il y avait des souliers cirés
et des chemises blanches
comme des surplis raides au *starch* des sœurs

à l'école il y avait des histoires de miracles
une raideur endimanchée

des cennes noires pour les nègres en Afrique
des bonnes notes pour les anges
collés aux coins des examens
la strappe pour les péchés
en rang pour le Vendredi saint
la douleur de Jésus pour tous
la multiplication de la souffrance
comme les pains et les poissons
un peu d'hosties pour la foule
en délire de la peur de la mort
et du feu éternel
les péchés s'inventaient entre les confessionnaux
et la douche du pardon rafraichissait les fidèles
les souliers noirs cirés crissaient le son
du sable des trottoirs
le kleenex sur la tête
s'épinglait aux remords des soumis

les beaux dimanches
après le bacon et les œufs
on s'en allait à la *beach*

on ramassait les bouteilles vides
du samedi soir
et on les rinçait dans l'eau salée
des fois on les shakait trop vite dans la mer
et une partie de la *sandbar*
se trouvait dans la *trunk* du char
les souliers noirs ne se crissaient pas du sable
on vendait nos bouteilles aux Juifs

le vieux Shediac Road était un voyage
vers le ciel et l'eau

*Ronald Léger*

vers une odeur de liberté
à Belliveau la mer rencontrait le ciel
d'un bleu à l'autre
une ligne à l'horizon
les pieds dans le sable chaud
et la senteur du sel débouchaient
les allergies de la ville

on creusait dans le sable pour retrouver l'eau
pour enterrer nos amis jusqu'au cou
et la mer effaçait tout

on comprenait très jeune

**le pigeon de ville**

le pigeon de ville
lugubre lugubre lugubre
l'eau coule et roucoule
le pigeon
homme de ville
lugubre lugubre lugubre

les hommes de villes
lugubres lugubres lugubres
le sang coule et roucoule
l'homme
pigeon de ville
roucoule roucoule roucoule

## France Daigle 1953

*Écriture et américanité*
*Les cent lignes de notre américanité*, collectif, 1985

Écriture et américanité, ou
Terre maternelle langue maternelle, ou
Les cent lignes de notre américanité, ou
*It's not easy being green*
(Remaniement d'une conférence très orale portant sur la difficulté d'être *straight* en Amérique)

i/
Vivre sur le bord de l'assimilation (voire précipice, falaise)
Comme d'autres la folie dangereuse (la corde raide)
La qualité indiscutable de nos palpitations
Tous les funambules ne sont pas pitoyables ou malheureux tout de même.
…

Ne pas toujours tellement comprendre tous les rouages
Donc vivre toujours sur le bord de Toute Assimilation
Nos vigilances particulières
Nos sensibilités
Notre discernement.
L'univers de l'expérience versus l'univers des mots
En France on a traduit de Dylan
*Ils te lapideront…* pour *They'll stone you…*
Tout ce qui confirme qu'on vient vraiment d'ailleurs.
…

ii/
Écriture et américanité, ou
Terre maternelle langue maternelle, ou
Les cent lignes de notre américanité, ou
Variations sur le thème de l'adolescence.
Américanité diversifiée
Américanité pluralité
Américanité légendaire et belle
(étape incantatoire)
Américanité illimitée
Américanité gaspilleuse et pauvre
Bruyante et tapageuse aussi
Écrire pour négocier cette réalité
(la réalité) cette courbe dans la route
La transcender (encore elle, la réalité)
L'ascender (tous ceux, celles qui, à la suite des *Clochards célestes*, ont demandé à travailler « sur la même montagne »)
Américanité de sacs à dos par milliers.

iii/
Écriture et américanité, ou
Terre maternelle langue maternelle, ou
Les cent lignes de notre américanité, ou
Variations sur le thème de l'adolescence — thème de l'isolement.
Le charleston et la GRC comme emblèmes nationaux
Les voisins qui achètent encore des trucs
Les revues de commérage et de beauté chez la coiffeuse et tous, tous ses rouleaux à cheveux
Écrire pour négocier cette réalité
(encore elle, la réalité) cette fourche dans la route.
…

L'univers de l'expérience rattrapant celui de la langue
Un jour en France on a traduit de Dylan
*Ils te lapideront…* pour *They'll stone you…*

iv/
Variations donc sur le thème de l'adolescence.
Kerouac sur sa montagne (thème de l'isolement)
Route barricadée, panne d'essence, cul-de-sac
Redoubler (encore elle, cette voiture) d'efforts
Joindre le MEPSA
(Mouvement pour l'écologie des personnes sans auto)
Transcender
Ascender
Transcender
Ascender (attention aux cailloux, thème *Ils te lapideront…*)
Développer une aptitude certaine à se mettre dans la peau de Charlie Brown
Woody Allen (l'ambisexualité double vos chances de ne pas sortir seul le samedi soir)
Lucien Francœur (toujours la réalité)
et d'autres (où sont les femmes ?!)
Amérique première, immense et sauvage sous le regard du dernier arrivant
Amérique d'aujourd'hui (immense et sauvage sous le regard du dernier arrivant)
Où il est mal vu de rester chez soi ou de sortir seule le samedi soir.

v/
Américanité de tous les soirs et de la nuit
Où du haut de nos monts Désolation
Contempler les 360 degrés de Toute Direction (cervodirection, cervofreins)
L'histoire de l'individu ressemblant étrangement à l'Histoire

Celle, traditionnelle, de terrains sauvages et d'esprits ténébreux que
l'on ramène à la raison par notre seule détermination et notre grande
force de caractère (bulldozeurs)
Histoire faite de marginalité aussi
D'inspirations soudaines
De visions
Américanité somptueuse
Américanité mythique
Américanité farouche et indomptable
Où nul ne peut savoir
De toute façon ne pas tellement toujours comprendre tous les
rouages
Écrire pour transcender cette réalité
(encore elle, la réalité) cette courbe dans la route.


**Poème impossible à finir**
*Éloizes* n° 4, 1981 et *Estuaire* n° 36, 1985

i/
nous ne levons plus les yeux au ciel de la même
  façon depuis que nous savons que les étoiles
  nous regardent
certains d'entre nous avons même ressorti l'équerre,
  le compas et la table des matières
  le moment est crucial
  malheur à ceux qui désespèrent
d'époques lointaines et de bouche à oreille nous avions
  entendu dire que les humbles hériteraient de la terre
nous nous reconnaissons aujourd'hui à la vitesse de l'éclair
  constellaires

ii/
une gravité nouvelle s'est emparée de nous
dans le creuset ambiant de nos églises
      une volonté nouvelle chauffe les tendances
      fatiguées de notre langage
premiers hommes devant le premier feu
nous voulons maintenant devenir feu
parler sans accent ni raison
      implosion
nous nous forgerons une sécurité du cœur
nos baisers éclatent déjà de lumière interdite
nos doigts touchés d'or battent la mesure d'une œuvre
      insoupçonnable
nous chantons que les anges sont parmi nous et que
      toute chose naissante est immortelle

iii/
et plus jamais nous ne dormirons
et l'attente sera vive et délirante

et plus jamais un homme n'aura à porter seul la nuit
      d'un autre homme
nous saurons enfin qui nous sommes et d'où nous venons

et nous ne nous inquièterons plus ni de la mort ni de
      l'âge qu'il nous faudra encore connaitre
nos vies d'avant et nos vies d'après éclateront des mêmes
      secrets
et nous parcourrons avec fierté les mêmes chemins rares
engagés depuis toujours au même combat pour la liberté

## *Sur les traces de Marianne Godbout, cordonnière et savetière*
*Éloizes* n° 4, 1981

i/
cuir rouge
peau verte
soupe aux pois jaunes du Québec
pratique des couleurs
pratique des effets
Montréal — 23ᵉ version
boucher tanneur sabotier
botte Wellington
botte d'Hesse
botte sauvage traditionnelle
botte Souvorov, avec ou sans jambe
talon semelle empeigne
mitasse mocassin botte malouin
sur les traces de Marianne Godbout, cordonnière
              et savetière
son cuir son fil son brai sa graisse
ses propres outils

ii/
Montréal — 34ᵉ version
jeuner ou pas
s'habituer à l'humidité si possible
blues international des Juifs
la Pologne et autres principes religieux
annonce dans une vitrine :
*person wanted to train as bagel baker*
même annonce :
*only serious applicants should apply*
écorce de pruche

écorce de chêne
bois d'orme, de merisier, de plaine
bottier targier gantier
pratique des métiers
pratique de la faim
Nouveau-Québec Nouveau-Québec
              en manchette
peut-être que les journaux nous font des accroires
souper dans un magasin d'aliments naturels
éclater de rire la bouche pleine de fruits secs

s'aimer en pleine nuit à quatre heures de l'après-midi

iii/
lettre naïve d'Yvon Gallant ou 'man,
jus à môréal — 42$^e$ version
pas trop pire
on trouve que je fais pitié et que j'écris bien
on ramasse mes brouillons dans les cafés
mariwitch
plier les couches le soir après souper
te rappelles-tu de ça, 'man ?
chagrinier cellier bourrelier
boudroyeur hongraveur targier
au chrome ou à l'alun
Marianne, ton fil Marianne
ton brai ta graisse tes teintures
c'était un p'tit...


tourne ma roulette vire-vire-vire
c'était un p'tit...
comme si les vieux livres n'existaient que pour
qu'on les fasse craquer

## Guy Arsenault  1954

*Tableau de back yard*
*Acadie Rock*, 1994, collection Mémoire

bosses de maringouin
pelure de banane
bouchon de bouteille
bête à cosse
bois de *popsicle*
bête à patate
...comme si tout l'monde se connaissait

jardin de *peppermint*
bouchure
cœur de pomme
bouteille avec un trou dans le couver' pour attraper des djêpes
*close-pin* cassée
*marbles*
chemin de terre
la rhubarbe volée est meilleure que la rhubarbe pas volée
potte de *marbles*
*tag your it*
...comme si tout l'monde se connaissait pas

pissenlit
pour faire des colliers et des bracelets et pour savoir
   si oui ou non on aime le beurre
pet de sœur
la vieille *shed* à su LeBlanc
*tar paper*
les gros rats à personne
papier *tarré*

qui sortait dessous la vieille *shed* à su LeBlanc
les *cookies* à ma tante Rosella
Pépère a encore viré une brosse
la chat a mangé ma collection de mouches mortes
*candy* noir
...comme si tout l'monde se connaissait

cloches d'église
première communion
se tenir la main...
...Denise...
...Anne-Marie...
cachette à bouchette
*sneakers*
cloches d'église
« Yé 6 heures i' faut entrer dire le chapelet »
couvent des sœurs
images saintes
senteur d'un couvent de sœurs
hardes de dimanche
...comme si tout l'monde se connaissait pas

piqueniques des dimanches après-midi
après les vêpres
au premier ruisseau
en filant les poteaux de téléphone
et prenant le petit chemin
en passant à côté des maisons neuves
en passant à côté de su Jimmy Budd
ou en prenant le chemin de la *pit* ou de la *piggerie*
piquenique des dimanches après-midis
après les vêpres
au premier ruisseau

la parenté des États
avec mon oncle Archie pi son whisky
pi sa bière des États
Budweiser
la parenté du Québec
avec mon oncle Franco
pi ses mets de spaghetti
pi ses enfants collés de *popsicles*
...comme si tout l'monde se connaissait pas

servant de messe de première classe
grand manieur de patène
acolyte même
30 cents par semaine
çé mon tour de servir la messe de 8 heures
avec ma soutane
et mon surplis
j'étais confortable
on pouvait se croire important aussi
quand on allait virer la nappe de la sainte table
on pouvait se croire important
à vider une burette pleine de vin dans le câlice à Père Pellerin
...trois gouttes d'eau et beaucoup de vin
on pouvait se croire important
quand c'qu'i fallait servir tout seul
ou quand on était dans l'église
et que quelqu'un d'autre servait tout seul
et que le prêtre nous faisait signe du sanctuaire
juste avant la messe
juste le temps d'enfiler n'importe quelle soutane et surplis
et de les attraper au kyrie
ou à l'épitre quand c'était le père Pellerin
ça lui prenait 'ien que 20 minutes à dire une messe, lui

pi là y avait les enterrements
avec les grandes chandelles
et les vêpres le dimanche après-midi
avec l'ostensoir et l'encensoir

messe de minuit
petite
neige
folle
tombant doucement
droite
devant la porte d'église jusqu'à chez nous
et les pâtés à la viande
et les cadeaux de Noël
et les résultats de la partie de hockey
les bas de Noël remplis de *candys* de Noël
et le *cookage* de Noël
et le petit train de Noël
et la senteur de Noël
et le matin de Noël
tranquille
pur
vrai
serein
et l'après-midi de Noël
avec la parenté de Scoudouc
Alyre et Stella pi leur famille
avec la parenté de Shediac
parrain et marraine
avec la parenté de Parkside
Alphée et Lina pi leur famille
Joyeux Noël
Noël de famille

Noël sans famille
Joyeux Noël et Bonne et Heureuse Année
drôle d'année
marquée de fêtes, de vacances et d'obligations religieuses
pour que personne s'ennuie
pi là y a le Carême
le long Carême sans *candys*
avec la messe à tous les jours
pi les chemins de croix les samedis
avec nos bottes d'hiver jusqu'à la Résurrection
et le printemps...
la Semaine sainte
les Pâques
la Pentecôte
le dimanche des Rameaux
pas le temps de s'ennuyer quand té enfant de chœur
pi là y a la procession de la Fête-Dieu
su la Moutain Road
commençant à l'église
passant en face de la *Post Office*
jusqu'à su Al's Variety
descendant la Lefurgey
traversant le trafic de la Connaught
passant devant la maison à su Cooper
devant la maison d'su Thériault
en passant devant le champ où l'on jouait au baseball
avec une balle d'éponge et une bonne planche sans écharpes
les soirs d'été
les soirs de printemps
et les soirs d'automne
se rendant enfin à l'école Verdun
où l'on s'agenouillait sur le gravaille dur
pour endurer les itanies de la Sainte Vierge

les itanies de sainte Anne
et les itanies de tous les saints
et on subissait l'exposition du Saint Sacrement
une dizaine de minutes
le temps de se faire des genoux rouges
et on retournait à l'église
en prenant la Chester
en passant devant chez nous
et devant le magasin d'su Catherine
et devant d'su LeBlanc, su Haché, su Lirette, su Léger
pour se rendre au coin de la rue
où on montait la Churchill
jusqu'à l'église
en tête, l'ostensoir et le Saint Sacrement
(exposé depuis Pâques)
suivi des vicaires
suivi des assistants vicaires
suivi de l'ensemble des enfants de chœur
suivi de l'ensemble des membres de Lacordaire
suivi de l'ensemble des Dames de sainte Anne
suivi de l'ensemble des membres de la saint Vincent de Paul
suivi de l'ensemble des scouts
suivi de l'ensemble des louveteaux
suivi de l'ensemble des croisés
suivi de l'ensemble des croisillons
suivi de l'ensemble de l'exécutif du Club récréatif
suivi de l'ensemble des membres de la Caisse populaire
suivi de l'ensemble des paroissiens...
...comme si tout l'monde se connaissait

écolier modèle
premier prix pour la plus haute moyenne 2 fois
deuxième prix pour deuxième plus haute moyenne 2 fois

prix pour plus de progrès pendant une année scolaire
à la présentation des prix à l'école Verdun
fin juin, 1961, '62, '63, '64

rangée par rangée
en ligne droite
à temps (pour quoi?)
rangée par rangée
Vive la récréation
Vive le temps libre
Vive les vacances


champs de pissenlits
barbecue
océan d'eau salée, de sable, de coquillages, de *jelly fish* et de *sunburns*
de belles filles, de jambes
de culs et de corps nus étendus sur le sable
le tonnerre roule
et le temps se fait triste
*back yard*
senteur de chez nous
table de cuisine
pet de sœur
pot en pot
senteur de chez nous
senteur de mon père
senteur de ma mère
senteur de mon grand-père
senteur de mes sœurs, de mon frère
senteur à moi
senteur de chez nous
comme si tout l'monde se connaissait
*back yard*

*Le pain à ma mère*
*Jackpot de la pleine lune*, 1997

Pain au feu
Feu de poêle à bois
Bon pain chaud
Pain en odeur partout
dans la cuisine surtout
Pain en galettes
mis sur des palettes
Pain à deux fesses
Il faut que je te laisse
faire ton pain
Cesser de jacasser
sinon ça te prendra jusqu'à demain
Pétrir ensuite faire fermenter
Mettre les pains dans les plats
cuire au four
De l'ouvrage en v'là
Je ne pourrais faire tout ça
à mon tour
Le pain que tu fais
c'est l'un de mes grands amours.

# Maurice Raymond 1954

***Les cœurs couverts***
*Implorable désert*, Éditions d'Acadie, 1988

nous brulons ensemble
parmi les sables de l'amour
ô mon amour de paille
nous sommes des arbres de cendres
des mers encloses
des pays creux
que le vent prenne tout l'outillage
de nos jeux immobiles
que la terre enfin s'ouvre
que tout croule dans son puits
l'aube jamais ne sera la nuit
l'aube n'est qu'une nuit à rebours
mon amour
mon jeu facile
dans le désarmement des plages
que la mort nous recouvre
ô nous
ses serviteurs stériles


***Les amants du désert***
*Implorable désert*, Éditions d'Acadie, 1988

que le poids tombe
des nuits inutiles
et que l'arbre bruissant de nous
s'installe parmi les pierres
comme à une table

les ombres prisonnières...
que la limite du ciel s'épuise
et tombe en flammes sur la mer
car rien n'arrêtera nos cœurs
de s'unir
et de se mordre
rien n'empêchera notre vie
de prendre forme parmi les pierres


**Les fleurs rebelles**
*Implorable désert*, Éditions d'Acadie, 1988

ombres de sang
aux vitres de ma haine
ombres giclant
parmi l'épaisseur de notre nuit
que notre amour est bref
que le vent ment
                dans l'enceinte de ses fruits
s'il se peut que nous revenions
vers notre plainte
un jour régnant de silence
j'équarrirai à deux mains le vide de la lampe
pour qu'y fleurissent vite
                les chants noirs de la violence


**L'amas de mémoire**
*Implorable désert*, Éditions d'Acadie, 1988

    l'amas de mémoire qui repose sur ton front
devrait s'envoler comme un souffle d'oiseaux sur les pierres

    mais il est lourd de la lourdeur du sang et coule
plutôt vers la terre
    pour que les arbres soient sa proie, il lui faudrait
les ailes de la mer, l'oubli ombreux des océans
    quand il n'a pas tout recours que le souffle
rauque de notre prière


**le pain d'ombre...**
La soif des ombres, 1994

    le pain d'ombre est rompu par des spectres sans
voix qui parcourent de leurs yeux rouges le silence
    ils hument le désastre de ton absence
    et la perle brule dans la coquille opaque de la mort
    vers quel marais d'obscur amour faut-il donc
ramper pour saisir de nos mains le noyau de ta lumière
    bientôt épars parmi les buissons et dans le froid
des soirs, les oiseaux auront-ils oublié ce que c'est que de voler,
de s'élancer d'un trait dans la chaleur bleutée du ciel
    les pierres de la nuit usent le refrain des mondes
    et tout autour de la terre cette faim qui épouse
nos poussières
    vers quel marais d'obscur amour faudra-t-il donc
ramper pour saisir de nos mains le noyau de ta lumière

## Dyane Léger  1954

*Avant que tout éclate en morceau*
*Comme un boxeur dans une cathédrale*, 1996

Avant que tout éclate en morceaux
j'aimerais écrire dans ta main
un tout petit poème
du bout du doigt.
Un tout petit poème plein de chaleur
de lait
de miel
et de lumière.
Un poème où tu voudras passer l'hiver.

Avant que tout éclate en morceaux.

Vivre. Écrire.
Regarder la rhubarbe monter en graine.
La poussière recouvrir les meubles.
Faire le point. Poursuivre.
Tout détruire pour tout recommencer
parce que rendue là où j'en suis
je n'aime plus tellement l'histoire *anyway*.

Revenir échouer
sur une plage loin de tout.
Se demander pour la millième fois
jusqu'où peut-on aller trop loin ?

## Preuves d'existence
*Comme un boxeur dans une cathédrale*, 1996

Au moment où j'écris,
ma vie est de plus en plus fragmentée.
Je m'étonne de rêver encore après tout ce temps.
De penser
une parole
une seule parole et je serai guérie.

Mais pourquoi serait-elle prononcée aujourd'hui ?
Ça fait plus d'un siècle qu'elle me boude
que dans les ombres de la nuit
mon scarabée roule sa boule
en essayant de renaitre à l'existence.

Alors,
pendant qu'il est encore temps
laissez-moi.
Des trois portes
j'en choisirai une.
Ce n'est pas qu'il faut arriver à quelque chose ou quelque part
c'est qu'il faut sortir de là où l'on est.

Laissez-moi tourner la Roue de la Fortune
courir ma chance.
Trop tard pour ruiner ma vie.
J'ai déjà commis l'irréparable.
Je suis une femme tombée du ciel.
C'est moi qui ai choisi la destruction
la disparition de tout
le vide abyssal

le rien de rien.
Cet état de confusion et aussi d'allégresse
ce moment maudit
où il n'y a plus d'illusions
où l'on ne sait pas encore ce qui va succéder.
Salut ou condamnation.
Qu'importe.
L'équilibre est si fragile.

Chut!!!
J'entends le désert.
Le désert m'appelle.
J'ai besoin de m'y rendre.
De hurler avec les loups.
D'y courir à perdre haleine.
Je ne suis pas assez folle pour croire
que tout finit par s'arranger
se tasser
passer.

J'ai besoin de rassembler
tous les ossements de la bête
qui jadis courait librement dans ma vie.

J'ai besoin de m'amener à l'état de conscience
qui fait que l'heure est venue.
Plus rien ne pourra m'empêcher
de me rendre au désert.

Dans le désert
je l'ai toujours su...
l'Écriture m'attend.

Et mes mains
— avant de pourrir en terre —
serviront à faire danser les ailes du monde.

**Le phare**
*Comme un boxeur dans une cathédrale*, 1996

Quand j'étais enfant
vous m'aviez dit
que les anges étaient des phares
dans les nuits de tempête.

Je vous ai cru.
Mais plus tard
j'ai vu les envoyés de Dieu
voler la beauté du Monde.
C'est là
en essayant de retarder la mort qui me menaçait
que j'ai perdu la foi.

Depuis
je suis une femme qui couche seule la nuit.
J'ai une rage qui ne demande qu'à éclater.

Marcher. Avancer. Trimer.
Ne plus penser.
Ne plus souffrir.
Me contenter d'écrire.
De personnifier.
D'être lue par quelques amis.

Travailler seule.
Aligner les mots.
Donner un corps au texte.
Une âme à l'existence.
Oublier tout le reste.
Le Mal
Le Manque.
Les coquilles d'escargot brisées.
Les bleuets blancs.
Le livre noir.
Le jardin de roses bleues.

Quand j'étais enfant
je vous ai vu
vider le miroir
abandonner vos valises
détruire votre journal intime.

Je vous ai vu sortir de l'impasse
comme un boxeur dans une cathédrale.
Plein de violence. Plein de ruts.
En coupant les ponts.
En allumant les feux.

Vous avez tout essayé
et pourtant
rien n'a pu éloigner de vous
*la Madone des Sleepings*
qui possède vos nuits.

Quand j'étais enfant
jamais je n'aurais osé prier

qu'un jour
quelque part
une tempête vous arrache du cœur
le secret qui hante votre repos.


***Laissés à eux-mêmes***
***les souvenirs et les saisons sont de nature taciturne***
***et l'écho***
***porteur de tout ce qui me ramène à l'émotion de toi***
Le dragon de la dernière heure, 1999.

Les arbres
quand le froid éclaircit le temps.
Le vent
tremblant à l'idée
qu'il existait encore hier
des cimetières d'ours en Sibérie.
Le printemps
qui sous la caresse des tulipes
devient beauté et enchantement.
Triste
l'autre saison
qui pour mieux scander le rythme de la vie
meurt sans mourir.

**Jean-Marc Dugas 1957**
*Notes d'un Maritimer à Marie-la-Mer*, 1993

*Les baleines en ont marre*

et qui seront les perdants de la mutation
hissez les voiles
levez l'ancre
donnez à boire aux marins perdus
ne sommes-nous pas tous des naufragés
les amarres de ma lucidité se tendent
vague tendresse
douce ivresse d'une prolifération d'amour
les branches des arbres s'entremêlent
comme les cheveux du poète dans le vent
la loi de la gravité
un chien me mord
vais-je revoir l'ami que j'ai déjà connu
vais-je ouvrir ma porte à tous ces ivrognes
qu'avait-elle cette nuit
pourquoi m'entrainer si loin du rivage
la traversée est longue
quel hublot faut-il ouvrir
pour que mes yeux s'enivrent d'amour
la mort me suit comme une ombre
je la sens proche
dans ma poche peut-être
les câbles s'étirent se tendent
la résistance ne résistera plus encore longtemps
la coque est plus fragile que l'on pense
je ne vois plus les dunes
c'est moi qui m'en éloigne
ou le vent qui les emporte

le vent qui m'emporte moi aussi :
l'alcool qui nous enivre
trop souvent frappe à la porte
laissez-moi danser
les amarres se déchirent en moi
mon *panama lead* éjacule de toute part
la pression de mon cerveau se compresse
l'amour me hante et je navigue tant bien que mal
tant pis si j'échoue en enfer

### *Description de Moncton par un gaucher*

journal
début juillet
Malentrump, on se ressemble on écrit pour nous clamer
pour nous calmer.
dans cette ville sans maringouins sans marin-gouines on
écrit parce que vivre seul n'est pas une mince affaire ou
apprendre à vivre seul n'est pas une mince affaire.

fin juillet
j'ai bien aimé la photo à la une du journal *Times & Transcript*
intitulée *Moose on the Loose*. On voit la
tour NBTel sous un fond bleu, la rivière Petitcodiac et
dans le bas de la photo à droite non à gauche un jeune
orignal pris dans les sables mouvants de la rivière. ce
n'est pas une image surréaliste, mais bien une image
régionaliste.
le régionalisme c'est le bout du monde à la portée de la
main.

# Daniel Dugas 1958

*Annick Part 1*
*L'Harakiri de Santa-Gougouna*, 1983

j'aurais aimé
crier
hurler
mais j'ai oublié de le faire

je les sentais jaloux
mais que faire que dire

nous étions punk
nous étions heureux
et nous étions granola
mais qui sait de quoi
les gens qui nous croisaient
pensaient des choses
nous en pensions d'autres
punk
tonk
tonka
qui sait ce que nous étions
qui sait ce que c'est des gens heureux

nous aimions Moustaki
et Kerouac
et sans le savoir nous étions vagabonds

## La forme de ta main
*Les bibelots de tungstène*, 1989

La forme de ta main qui m'a pris par-dessus
à l'improviste à l'amour
Ta voix qui renferme l'écho sonore
jusqu'aux falaises où les plaies basculent
de même la texture des rochers
et la douceur des brises fraîches
Je compte dans ma tête les doigts de tes mains incisives
et je rends compte des dialogues incrédules
comme des matières colorantes qui me teignent
pour l'apaisement
La forme et la surprise
qu'ont eu tes mains qui m'ont flatté
La propriété de la lumière
J'aime le rose qu'ont les paupières
Je n'obéis plus qu'aux propos inexacts des voix humaines
Ta voix infrarouge subsiste éperdument
sur l'éclat de l'amour jais


## Les ombres portées
*Les bibelots de tungstène*, 1989

Les ombres portées pareilles aux descriptions
il se pourrait que la nuit ait d'autres profondeurs
Je reviens au désir en m'y abandonnant complètement
La forme intacte et scellée
et la douceur d'en faire les tours
de plonger de l'abime à l'abime
La forme est intacte et douce j'y touche
Je parle à la forme

je suis malléable
Je me fonds à la forme qui me précède
J'ai l'ancienne empreinte pour le chuchotement
et la chose flotte dans la nuit
Il n'y a pas de noyau
seulement une vapeur un lait céleste
qui renvoie les images dures sur tout ce qui est indemne


*Occuper en faisant perdre le temps*
Le bruit des choses, 1995

La place du souper dans le jour
La table et les chaises en bois dans la maison
Le plancher craque comme une chanson
Quelqu'un joue de l'orgue de barbarie
dans la rue
dans la chambre
dans le lit
Quelqu'un explique la vitesse de la misère
et la cause du tort dans la beauté
L'épaisseur de la valse est évidente
dans les bras de certains prétendants
Le plancher de danse est une blessure
Quelqu'un est couché dans l'herbe
et insiste sur la qualité de la chasse
quand les bêtes crient en mourant
quand le sang pisse dans les sous-bois
et que les bois sont enlevés de la tête
comme un abcès indolore
Je connais des champignons le dosage mortel
de la bouche
la langue amoureuse

J'examine le répit de ce qui se passe
à la pêche au printemps
quand tout est nouveau
quand le courant invite la truite
à venir frotter son ventre bleu
contre la rive mousseuse
Le dessin est une explication visuelle


**Attester par serment**
*Le bruit des choses*, 1995

Je vénère les manchots
les borgnes et les sourds
Je souhaite dans la danse des squelettes
l'usage du bon mot
Je confonds la bienséance des salons funéraires
avec le bruit des cafétières
dans les maisons silencieuses
Comment graver dans la pierre
le bruit de l'insipidité
et le rythme des pieds bots
quand je suis assoupi
dans les chambres le long des corridors
Comment se fait-il
que dans le *focus*
je ne discerne que les fantômes
qu'à l'intérieur de la caméra obscure
le paysage soit plus brillant
que l'image du vrai paysage
Je vénère tout ce qui bouge difficilement

J'ai l'estime des aveugles
des maniaques et vendeurs de crayons
Je jure de lire dans l'avenir
si l'avenir n'arrive plus

**la rue**
*La limite élastique*, 1998

    la rue avait des reflets brillants
    visqueux
    une automobile passe
    un passager lance une allumette
    salto avant
    la rue s'enflamme
    salto arrière
    la station d'essence explose
    les médias arrivent et tout en attisant le feu
    ils décrivent bien la danse des flammes


**le graffiti**
*La limite élastique*, 1998

    une boule de feu illumine la nuit
    la route est une rivière noire
    l'asphalte se met à fondre
    le soleil s'éteint dans le gravier
    quelqu'un essaie d'écrire rapidement un graffiti
    dans le ciment encore doux

## Serge Patrice Thibodeau 1959

*Notre-Dame-de-Týn*
Seuils, 2002

va mon désir
va comme l'eau sur ses mains
comme un cygne sur l'eau
va sur ses mains
quand il porte à sa bouche
le cercle
de porcelaine
et quand passe sur ses paupières
une ombre déchirée par les cils
comme sur Prague aux clochers, aux flèches s'effiloche
un nuage, sans doute égaré.


*Žižkov*
Seuils, 2002

la nuit je n'entends
que les chiens, que les trains
d'en haut
ma fenêtre m'invite
à sonder le ciel
à lire les étoiles
au loin
au-dessus du château
car je n'ose dormir
j'ai peur, au réveil
comme j'ai peur de ne plus être à Prague.

Serge Patrice Thibodeau

## *Chipoudie, 1697 – 1755*
*Nous l'étranger*, Écrits des Forges et Phi, 1995

I

où voulez-vous que nous allions dans la brumaille ?
nous l'étranger   pèlerins à retracer les rives embruinées
de l'évènement
à marquer d'une pierre blanche le sceau   l'empreinte
la mémoire écrite en lettres de feu dans le ciel
sur la peau du cœur où sont aussi gravés
les faisceaux lie-de-vin
d'une lumière vieillie
venue en nous s'amariner
reliquaires intemporels que nous sommes
de la vive-eau jusqu'aux pleurs de l'aurore

II

je n'arrive plus à distinguer la terre de l'eau
le bleu minéral des terres vertes
le scintillement des glaises
les yeux argilacés d'un ignoble destin
aux cieux azur de cuivre
et l'étreinte bruineuse du jour attend de se couvrir
du voile terre d'ombre que je soulève à bas bruit
pour qu'elle renonce à brouillarder le tableau du marais
où se posent des lunes d'eau
dans la lumière cendrée d'octobre
ces mots d'un blanc nacré qui croissent en ma tête
et dont les racines me percent le centre du souffle
et martèlent le seuil de ma porte

III

les sapins noirs de fumée
immatériels sous l'équinoxe
brosses fines ceinturant l'eau des marais
l'eau   partout   que de l'eau
dans l'air   sur la peau   dans les remous de mon œil
dans la nuit   dans les jappements du chacal
et tantôt les marées vont s'estompant
vivantes visiteuses   luisent et reluisent
les étoiles au ciel tombées dans la baie
retombées sur le sol
quand s'amorce l'effort hâtif
du tourment

IV

l'envie de supplier   d'implorer l'écoute
les couleurs de l'arrachement
à manger des racines   de l'écorce   du lichen
asséchés   évidés   contrits
à guetter forcir le vent d'aval
et diaphane la main
unie à la braise
et portant son cœur   son âme   sa voix
déportant sa caresse opaline
blanc ocré   jaune de Naples
son spectre apparu devant nous dans la boue

V

on m'offre la paille   j'ai vu le jour
j'ai vu l'éclair   c'était la faux
striant de son élan les longues nuits de doutes et de vœux
oh qu'il se taise   le pouls du vide
l'éclat   la fissure   le jet   le déluge
le pain durci
votre butin sur le talus près du moulin
un feu de joie s'allume
notre chapelle se consume et son fantôme
las   se blesse
aux épines ravageuses des cenelliers

VI

et déferlent les échos vaporeux
lorsque craquent les fermes de bardeaux
les lucarnes en lambeaux   abandonnées
les chambres désertées par le feu de l'âtre
et par ceux-là qui les ont détestés
pour nous les avoir ravis en notre temps   notre chaos
et verte la hart qui nous frappait   nous déchirait le dos
la houle avaleuse des forêts
le visage rocheux de la feinte
et l'affront sur le bec
au fer rouge marqué

VII

nous refusons le soleil interrupteur
idolâtrons le blanc d'azur
les flancs
le consentement de la hanche
au rayonnement s'éployant vers le centre
oh non   plus jamais l'abandon
quand d'une odeur loquace
tu démêles le futur de l'exil
les meurtrissures de la vase
la noblesse outragée de la fête
oh silence   mon épaule est rompue

VIII

les meuniers   les maçons   les mages d'Acadie
ont broyé tous les cercles et les ont abolis
et sur ma face   la retraite des eaux
la déroute du relief   la lourdeur des marais
la platin écuré   plus de fruits
mais doux le poison   agréable l'ortie
dans la demi-mesure et contre l'immense
nous l'étranger   pourquoi nous élever
au sommet des faiblesses et des glaces
à l'origine des poussières captives
le front découvert et le socle brisé ?

IX

j'avais voulu planter un cèdre   un pin
mais des algues   mais de l'eau   mais du sable
dans les ornières congédiées du dimanche
dans les chemins de halage et dans l'urgence de la chaux
et j'avais voulu la dureté de la hache
le manche de la bêche et la fraiche faucille mais
l'incendie me poursuit   toujours l'incendie
entre l'ongle et la chair et la colère stérile
debout   amaigri
dans l'aigreur réciproque des seiches
dans l'intense   dans l'obscur éploiement de la grêle

X

essaiment les nœuds
nos gorges les connaissent
les caprices d'un saccage   les complots d'une écharde
sans cesse se renouvelant   se reproduisant   se répétant
nos pieds liés   charroyés   déversés aux littoraux
d'un continent ouvert sur les noyades
parce que je nous imagine à la surface
du fondement   de la sève   du prétexte
forts d'une épopée qui fut tant pillée
soumises aux fureurs incendiaires   un poème brulé vif
jusqu'à ce qu'il n'en reste plus que de l'eau

XI

l'exil au gout ranci de l'eau   il plait aux nomades
l'eau dégorge de là-haut et revient
va-et-vient de l'absence absolue
exercice du naufrage
le dos vouté du partage qui se hisse
péniblement   funestement
au plus haut point de l'eau
sur la rive écumante de l'abime
oh solitaire
sans recul possible
engoncé dans l'impitoyable récit

XII

où voulez-vous que nous allions dans la brillance ?
sur ces flots ravalant leur essor
nous l'étranger
enfants d'une exigeante mythologie
qui nous subjugue et nous persécute
notre œil   notre parure aqueuse
le pleur dans l'œil de notre âge   son passage au miroir
le temps de la pause   un quart de soupir
éclos dans la nuit au-dessus du marais
attendant   patiemment
les marées réversibles du rêve

## L'étreinte
*Seuils*, 2002

Sans l'absence de l'étreinte,
sans l'accomplissement de ses actes,
sans son affirmation un soir où le désir permet le retour
de son agitation,
sans l'alphabet qui nous incite à diriger le sens de l'étreinte,
sans l'arrogance de l'usurpateur qui la veut dévoyée,
sans l'attente pénible incrustée dans la chair en hiver,
sans l'avarice de l'hiver nous refusant le battement de son pouls,

sans la béatitude qu'elle procure aux amants des nuits dont le silence
est à peine censuré,
sans la bénédiction suspendue au-dessus de nos têtes couchées,
sans l'insondable bibliothèque de ses tentatives et de ses rêves
partagés par nous que l'étreinte alimente,
sans la blessure de qui ne l'a pas connue,
sans la brisure irréparable oubliée dans sa chair et dans son âme,

sans la cadence innommable de l'étreinte animant en chaque point du
corps un mouvement chaque fois nouveau,
sans la cagoule de ses bourreaux,
sans le calcaire éblouissant dont s'entourent les gestes
qui la fréquentent,
sans le centre exact de sa chaleur, et surtout
sans la colère contagieuse qui défigure l'étreinte,

sans le danger de son obscurité,
sans la danse qu'elle commande aux regards, aux touchers,
aux odeurs des corps,
sans le dérèglement que nous nous croyons permis d'exiger
de l'étreinte, et

sans la durée à laquelle, insatiables, nous souhaitons la soumettre,
sans l'ébauche de l'étreinte au sortir de l'innocence,
sans l'ébriété inutile le soir de nos vingt ans, et qui nous contraint
d'en retarder l'éclosion,
sans l'écriture menant à l'étreinte,
sans l'envie de l'inquiétante étrangeté dont elle exhibe la marque,

sans la faim maintes fois répétée,
sans la fatigue au tournant de l'étreinte où guette son fétiche,
sphinx loyal et interrogateur et prêt à nous obséder de long en large,
car

sans sa générosité,
sans la genèse de l'étreinte, quelle serait la raison de notre gourmandise et de nos hardiesses les plus démesurées,

sans l'histoire de l'étreinte, comment lui rendre hommage les nuits
de lune noire quand l'été étale ses espiègleries et qu'il se prend
pour une icône, quand il s'enorgueillit de l'illusion de l'étreinte,
quand il en revendique l'image pareille à lui créée,

sans le jardin où renaitre,
sans le jeu sous l'arbre auquel rendre la vie,
sans la jeunesse inaltérable de son accueil, de ses écarts à amender,

sans sa lascivité, comment se dit-elle, comment en faire la lecture
en ces lieux cachés où elle prend forme, luxuriante et porteuse
de fruits paressant à en rougir dans l'arbre,

sans malentendu, cette fois, qui dicterait ses audaces et sa chute,
sans le minuit de son appel, et encore
sans sa mise aux fers,
sans sa mise à mort et, Dieu !

sans l'horrible muselière dont les fanatiques ont affublé l'étreinte,
sans la nécessité de son existence dans la noirceur providentielle
de sa nudité,

sans l'obligation primitive de l'étreinte et
sans l'ode à déclamer,
sans l'ombre d'un soupçon,
sans les ondulations dont elle berce l'espace, et

sans les possibilités de son avènement, de ses murissements
et de ses séductions profanes,
sans le qui-vive entourant ses ébats publics, ses tabous et l'ardeur de
sa désobéissance, et

sans le râble racoleur pour inviter à en saisir le raffinement,
sans raisonner ses risques et ses ruses,

sans le secours des séquences fil à fil devenues étreinte, à la fois
couture et texture de l'étreinte,
sans sa survie, comment l'appeler,

sans taire son regard tari tôt le matin,
sans l'unanimité de ses attraits fulgurants et

sans la valeur des versets qu'elle affiche un peu partout sur le corps,
sans le virus qui la hante,
sans le vis-à-vis viscéral des êtres s'étreignant,
sans la visée de la jouissance et de l'amour qui les transcende,
sans la vision que les êtres étreints ont initiée malgré l'orage :

plus que le cristal annonciateur de l'urgence du désir,
que le motif *étreinte* éclipsant son passage en la chair endolorie de
ses propres éclats.

## Marie-Claire Dugas  1960

*Le pont de verre*
Le pont de verre, 2003

[...]

VII

Ne pas penser
Rouler
Être en mouvement
Sentir que je vis
Sentir l'alcool dans mon sang
Le vent sur ma peau le moteur entre mes jambes
Sentir que la vie est partout
Oublier que la mort existe

Je ne veux plus dormir
Je veux tout voir tout sentir
Je veux que mes yeux s'agrandissent
Pour que plus rien ne m'échappe

L'autoroute devant moi
Comme l'éternité à perte de vue avec le ciel tout autour
Et moi au milieu de tout ça
Entourée saisie et prise
Moi
Remplie par ce désert
Moi qui en redemande
Moi qui bois à même le corps du monde
Et un gout merveilleux de liberté me colle aux lèvres

*Marie-Claire Dugas*

Ma moto me fait l'amour
Je serre les cuisses
Plus rien ne peut m'arrêter
Les arbres peuvent me barrer la route
Les murs peuvent se dresser devant moi
Le choc ne me fera qu'aller plus vite
Le choc me projettera plus loin
Et je brulerai enfin
J'exploserai
Et me disperserai aux quatre coins de l'univers

IX

Je voudrais sauter dans tous les trains
Boire à chaque rivière
Sentir toutes les fleurs

Je voudrais être jetée dans la vie
Tête première
Je voudrais tomber à m'en érafler les mains
À m'en fracasser le crâne

X

Je deviendrai celle dont je rêve
Je serai ce phénix majestueux
Je traverserai les villes
Resplendissante et nue

XI

Les feuilles des arbres
Tombent

Sur moi
Comme une pluie d'étoiles

XII

Tout nous ennuyait
Nous roulions dans un train qui n'allait nulle part
Dans la mauvaise direction
Sans papiers ni bagages
Nous faisions fausse route

Heureusement
Il était encore possible de changer d'idée
Nous sommes descendus à la prochaine gare
Et nous n'avons plus bougé
Nous attendons maintenant que le monde vienne à nous
Et nous dévoile sa beauté

Le chef de gare est très gentil
Il nous apporte du thé et des petits gâteaux
Nous lui sourions doucement
Il a vu tant de gens passer aller et venir
Ça le change de voir ces deux voyageurs qui ne partent pas

XIII

Il n'y a que cette flamme en moi
Ce gout d'absolu
Ce gout du vide
Ce gout du sable
De sang
D'espoir et de fruits murs

*Marie-Claire Dugas*

Ce gout de vin victorieux et doux
Ce gout de larmes et de caresses

XIV

Je suis enfin libre
Débarrassée de moi-même
Dépouillée de tout
Vidée
Je suis libre
Je vole au-dessus des maisons
Je plane au-delà des mers
Je sens mon cœur battre et mon sang vibrer
Pareille à ce phénix

## Mario Thériault  1962

*La trilogie du sable*
*Échographie du nord*, 1992

I

Au bout du stationnement
un champ de sable
le plus grand endroit que j'aie vu

ces galets
malléables scalps ocres et humides
annoncent le champ
plus plat qu'une baie glacée

à jamais humide
et ondulé le sable
il renvoie des acoustiques respectueuses

en retournant sur mes pas
la marche
s'est faite
plus
longue

je ne me suis pas retourné pour le voir le champ de sable
je l'avais gardé dans ma tête

II

le sable
je le force
pour te retrouver

j'esquisse la parfaite équation entre tes rondeurs urgentes
et la sensualité sur laquelle je repose

j'évolue sourdement
je néglige les canettes
de bière rouillées
d'une autre sorte d'été
je prends refuge dans ton alcôve et je fonce
vers ta régularité de flot
je suis en toi
nectar
maritime
de mon désir

même si j'étais à cette heure dans la ville
je me serais greffé à tes sueurs de seins
sournoise motivation
au quai de la nuit

dans le sable
chaque jour
je passe
et repasse
le ciel sans fin
que je plie et range
contre les teintes
de notre ruralité

et je roule dans toi
dans la myriade de facettes qui te composent
jusqu'à l'écriture
de ton humilité

III

enfin je sèche
l'illusion de mes frontières
de ma mobilité

je conduis vers cette baie de Fundy qui me protège
pour diner dans un restaurant aux gris clients
dans le serein bonheur de la soupe chaude
des petits pains d'usine

en sortant
le sable s'envole dans mes yeux
l'irritation est salvatrice
elle me permet d'inclure le sable
dans ma compréhension de la norditude

sable frais de la baie automnale

**Le même chemin**
*Vendredi saint*, 1994

ce soir-là
ma rue égale la somme des poubelles
et des voitures
du soir dominical
les arbres mi-squelettiques
tous colorés
donnent cette lueur d'atmosphère
d'un hiver bientôt
faisable

au bout de ma rue
juste après le Miracle ouvert jusqu'à minuit
ce même chemin est sinueux et de terre
il se faufile dans des buttes de lumineux feuillus
les bocages tranquilles sommeillent
les deux bouteilles vides de whisky
contribuent aussi à l'environnement

l'humidité en suspens
n'insiste pas

le trottoir à qui je parle
les voitures qui s'enlignent
les piétons qui écrasent
leurs propres ombres
ce trottoir comprend
que même si deux descriptions habitent ma rue
elles se connaissent

elles se superposent simplement
comme une nappe de bière
sur une nappe de table
sur un indifférent dimanche
de bottes de cowboy et de distance

## Martin Pître 1963-1998

*une dualité contestée par le génital*
À s'en mordre les dents, 1982

le printemps s'est fait téter.
cet été embryonnaire dégouline en pluie de centre enneigée dans le
ciel. tu es au bout du fil. le téléphone est castré. on ne se parle pas.

j'arrive, cogne, m'ouvre la porte et rentre chez moi. quelle belle
humeur plane ici ! un sourire dans l'eau de l'évier sèche mes anciennes
larmes.

il ne faut pas pleurer : demain on partira.
on ira chercher quelque chose de neuf pour se moucher dedans-dessus.
tu as le choix : tu peux venir avec moi, ou je peux venir avec toi. moi,
ça ne me fait aucune différence. par contre, toi, tu n'es pas d'avis. tu
dis — non, tu ne dis jamais rien, mais n'empêche — que la saison n'est
pas à l'obligation et que moi, je t'oblige à rire.

et tu es tristesse sous le costume.
à nu, ton corps me dit sa peine. et je le prends, le plie en quatre,
déchire tes formes apeurées et te déplie. tu es quatre petits sexes de
papier ligné, avec toute une généalogie de mutations écrite dessus-
dedans.

tes seins et ton pénis, en exergue, braillent une dualité contestée par
le génital. que feras-tu en automne ? tu mettras ta brassière dans une
capote et la jetteras en l'air comme une prière d'hérétique pour un
dieu d'absence.

hé ! je ne me vois plus.
j'aurais pourtant dû m'apercevoir que, durant tous ces paragraphes,

c'est non plus moi-je qui écrivait, mais plutôt une envie. et cette envie de pisser est partie pleurer dans l'urinoir au fond.

il y a des yeux qui marchent derrière mon allure. ils sont beaux, brillant, dans l'atmosphère d'ébène du club. c'est une marionnette de porcelaine qui joue avec un cube de rubick. elle s'attise et fait fondre l'hiver. le poème coule son encre sans pouvoir trépasser dans sa douleur.

**Mort lente**
*La morsure du désir*, Éditions d'Acadie, 1993

tout est plus lent            maintenant
la chance fait des détours
            entre les tables rondes salées de bières
le murmure du plancher
            renvoie à la force des hommes debout

on se faufile
jouant du coude pour ramper sa nuit à découvert
on meurt
en pensant à son avenir dressé
qui fait ombrage

dis-moi
si je pleure à tort
            à toi
            à la défaite prochaine

à l'enfant de Sarajevo parti cueillir du pain
faible

blessé au sang chaud
comme mes pleurs

il fredonnait un air
au gout de thym et de poisson ailé
et il venait au sol
comme la pierre dépasse l'eau
pour dormir à poings fermés

il disait
j'ai seize ans
et je suis un aigle

je parle
de liberté déposée en voile quadrichromique
        épaulant les épaules des montagnes
            les arêtes des nuages
            les reins des cours d'eau

il a dit
l'aigle a la puissance des espaces infinis
que révèle sa sensibilité esseulée

je m'amuse
il a dit

l'herbe verte et bleue chatoie
        roulée en boule dans l'atmosphère
avant d'atteindre ma bouche rose
        au gout de cailloux lunaires

j'ai seize ans
il disait

au sol
et je suis un aigle
                    dans ma peau
                        ma peau qui oscille dans le réel
comme une image émeraude
sur l'eau longue des yeux blessés

je suis comme
            cette eau des miroirs brisés
            libre
            qui ne sait où s'arrêter
            quand elle rencontre la mer

je suis un passage du temps
                        aux codes d'hydrogène
balises pour ta langue sur le contour des constellations

les douleurs insensibles
durent longtemps
très longtemps

il a dit cela très lentement

tout tourne à vide
qui naît
qui meurt
qu'on assassine
        dans l'eau des paumes chaudes
        autour des nuques et des gorges blanches

ne pas savoir
c'est vivre qui importe
ce sang

ma bouche
ce remède mêlé de bières
                et de sueurs

j'ai trente ans
et je pense à cela
très lentement

je dis les mots qui titubent
les boucles d'oreilles sonnantes
cette angoissante façon d'être seul
au milieu des bras fleurs élancés
au niveau des alcools chauds
entouré de connivences épuisées

mauve l'œil qui fuit
        dans la détresse des horizons largués
        au ras des pleurs
        dans les ruelles où meurent des enfants
                              à peu près
            qui hésitent dans l'angoisse
                          la vigueur du bruit
                          l'onde d'un son dense
engluement des paupières ivres
des rythmes

dis-moi cela très lentement

il y a ce bleu
les anneaux à ton poignet
la précision de l'attente

lentement
je redessine chacun des détours
je me rends
à toi

et je prévois trois façons de mourir
                              sans toi
                              avec toi
                              sans doute

# Judith Hamel 1964-2005

*Il y avait*
*En chair et en eau*, 1993

L'affiche scintillante de *Blue Zone* derrière le bar
La *Moosehead* qui m'irritait la gorge
Les *skinheads* qui grattaient le suède de mon manteau
*Love and Rockets* qui bourdonnaient dans mes oreilles
Guy qui roulait et déroulait
Son billet d'avion pour l'Europe
Les *Winston* qui remplissent mes narines
D'une odeur de plage
Un verre de vin blanc qui dégoulinait sur mon pouce
Une table trop petite pour six
Un Français frustré de ne pas gagner à la machine *Joker*
L'éclairage rouge sur la piste de danse
La sueur sur mon corps après *The Cure*
Mon foulard de laine piquant
Ces gros nuages dans le ciel
Cette moto figée dans le sol
Un escalier vide et une porte lourde
Un silence et une chambre claire
Une odeur qui s'estompe dans l'appartement
Il y a une absence qui remplace le réveille-matin

**La tête ailleurs**
*En chair et en eau*, 1993

Une illumination
Comme une illumination
À genoux devant tes doigts qui s'agitent
Les vibrations de chaque muscle de chaque doigt

Il y a un millénaire
On m'aurait brulée
Pour avoir ouvert cette porte
Où tes doigts se réfugient maintenant
Sur le piano
L'envie d'y laisser tomber ma tête


**Issue du tourbillon clair**
*Onze notes changeantes*, 2003

[...]

Ici le chaos
Et l'impuissance de s'y retrouver
Il y a bien des choses inutiles
Maintenant
Blottie dans le sentier obscur
Il y a tant de choses
Auxquelles je ne crois plus

Le grondement vif sur ma peau
Au début
À l'effleurement
De ma respiration me voilà prête
Pour l'accueil des sirènes
Je camouflerai ma détresse
En les regardant droit dans les yeux
L'éclair de leur âge
Ne m'atteindra pas

[...]

Là-bas dans le chaos
J'ai laissé mes pensées épaves
Sur des corps indécis
Je ne suis plus que son et lumière
Je suis à la fois fantôme et embryon
Particule éclatée du tourbillon clair

Je suis toutes les tempêtes
Affamée des inquiétudes mortelles
Me délectant de leurs spasmes

Rassasiée
Je suis tous les crépuscules tranquilles

[…]

Mon centre est indéfinissable
Je suis née de principes inexplicables

Ce que je cherche
Dans mes batailles
Et mes caresses
C'est une certitude
Qu'il y a quelque part
Une limite

Si le temps est un lieu
Il est une consolation
À l'impossibilité de retour

***Et puis après ?***
*Onze notes changeantes*, 2003

Après
La maison familiale est vendue
Celle où je suis née
D'où je suis partie
Il y a vingt ans
Pour atterrir ici

Je n'ai plus d'attaches ailleurs
Je suis toute ici
Je me redéfinis
Pas définitivement
Jamais
Provisoirement
Dans l'instant qui se fait
Et qui se refait

Heureusement

Sans fin

## Daniel Omer LeBlanc  1968

*Sur le chemin de l'humilité*
Omégaville, 2002

Larmes de crocodile
quand tu te fourres le doigt dans l'œil

larmes de sang lorsque percent à plusieurs reprises
les actes manqués

larmes de cognac pour l'homme phallocrate
et la mamelle gauche pour l'enfant malvenu

sur les petites rues détournées
de la pensée enfantine
tout ce pays est bossué


*La tragédie d'une vie*
Omégaville, 2002

L'ensemble d'évènements
de hasards pitoyables
vendus à des lecteurs paresseux
ils ont besoin d'une parabole
une mythologie pour consumer leur mode de vie
qui s'inscrira sur leur passé et pèsera sur leur futur

***Cinéma secret***
*Omégaville*, 2002

La folie conventionnelle du poète en garde
contre l'identification de l'amour
au mythe romantique
l'état de bonheur constant n'existe pas
la fusion mystico-amoureuse du cinéma hollywoodien
où la femme devient telle que l'homme la veut
un mythe qui est tout éros


***La libération historique***
*Omégaville*, 2002

Sans préjugés et d'avant-garde
habitué et presque attaché
au phénomène de la paresse
et du rationalisme
libéré d'un passé de conquêtes
le choix scandaleux
d'être polémiquement poli
de désapprendre à aimer
de renaitre le caractère éclairé


***Yeux mi-clos***
*Omégaville*, 2002

Retrouvée sur terre
après une promenade dans l'imaginaire
elle dirige ta plume sur le rythme béatifique
l'œil

l'organe de la paresse
fait des beaux schémas
laisse des vides
la voie de cette lumière
demande un saut d'absolu


**Mythe**
*Omégaville, 2002*

Elle efface le passé des courants apocalyptiques
il la démystifie avec son discours
un paysage un visage une couleur


**Vagabond**
*Omégaville, 2002*

Au coucher du soleil continue à marcher
en toute liberté devient spectateur
cesse de lutter
porte des armes symboliques
devient le poète des autoroutes
l'assembleur de la tendresse naïve
fais un vol à l'étalage de la beauté
chaque névrose à sa place assignée

***Andrène***
*Omégaville*, 2002

Au cimetière
entre les tombes
il oublie
les petites allées
une abeille
tourbillonne
autour de lui


***Ce jour mes mots orbitent…***
*Les ailes de soi*, 2000

Ce jour mes mots orbitent
autour de l'angélique désir
et du battement de mes ailes
j'obéis à la splendeur déracinée
du premier jour du printemps
ça ramène la vie aux fleurs mortes
ça me berce tranquillement
dans mon délire
tout à fait réel
hallucinant
écoutez les rythmes sanglants
et le bonheur de ma chanson

## Brigitte Harrison  1968

*Porteur d'eau*
Le cirque solitaire, 2007

Jointure labeur
Ardeur lenteur
La douleur debout
Le père marche
Genoux cagneux
Pour la tête de son fils
Parti s'essouffler
Pour un flambeau
Un drapeau

Front en sueur
Ossature cassante craquelante

Il chancèle il ruissèle
Le porteur d'eau
Verseur d'humanité

Dans la bouche des assoiffés
De révolution de rébellion
Le temps de l'offrande liquide
Gardien des peurs enfantines

Le déversoir l'écuelle
Penché longuement vers la douceur

Demain
Le retour la rencontre
Du versant du torrent
De la rivière démentielle

Étancher la soif innocente
Des enfants
En guerre
Dans un champ doré
Dans la cour arrière

**Porteur d'os**
*Le cirque solitaire*, 2007

Barbe longue poivrée salée
Sous le froid un réconfort solitaire
Les épaules accrochées
À une patère invisible

Rigide et près de casser
Retenant des sacs noirs
De canettes ridées vidées
Que les assoiffés de l'artère
Auront bues à satiété

Il marchandera en échange
Une bouchée
Travestie de bonheur
Une seule pour la journée

La tuque en girouette
Il cherche la demeure des rapatriés
Il videra le contenu des écuelles

Pendant que les enfants jouent
À l'hiver à la guerre

Dans un blizzard de balles
De neige sifflantes

À ses pieds
Le vieillard continue la marche
En lourdeur en désabusé usé

La commune n'est plus si loin
À présent, vider les effets de sa manne

Demain
Retour rencontre
Le versant le torrent démentiel
Le dépotoir dépenaillé la ruelle

Porteur d'espoir de poubelles
De bonnes volontés


**La fissure**
*Le cirque solitaire*, 2007

Entre une heure et une autre
Entre une brèche
L'ouverture déchire la soie
Entre un paquebot ou un radeau
Entre à cette heure-ci
Ce heurt-là
La lueur suivie de son ombre
Se glisse au bord de la brèche

Entre un funambule
Il ferme la soudure
Au bout de la pensée

Entre le noctambule
Un pied par terre, l'autre en l'air
Marche sur l'ambigüité
Plonge dans un raz-de-marée

À ce moment,
Vertige, peur, admiration et sublime
Ont suspendu le doute

Fixant ainsi la brèche
Au centre du cœur
Scindant l'âme en deux


***un nouveau temps...***
*L'écran du monde*, 2005

un nouveau temps
expropriation dérogation
par les gargantuesques
par les gigantesques
ogres ogresses grotesques
déshabillent dégobillent
déstabilisent désorganisent
désherbent désabusent
la terre natale

## Fredric Gary Comeau 1970

***route***
*Ravages*, 1994

j'erre dans les méandres du mot mémoire
les images de la route à l'aube
s'immiscent autour de mon désir d'apprendre
toutes les chansons de Hank Snow
la première trame sonore
de mon gout de la fuite
avec ses histoires de trains fantômes
il m'a livré le continent
ses fièvres et ses énigmes
le côté sacré de la mouvance


***Intensité***
*Trajets*, 1996

je ne cernerai jamais l'intensité de ce désir
d'errer sur ton corps comme ces reflets nocturnes
vacillant entre tes joues et tes lèvres
ton cou en attente de ma bouche fertile ardente
nous vivrons si vrais dans nos corps
devenus des graffitis du vertige


***Naufrages,*** extraits, 2005

dans ma chambre
les tourbillons d'oubli
se meuvent doucement

je me touche
là où l'inquiétude
se trace un chemin
je ne regrette rien
je ne frémis pas devant l'avent
la tempête me rappelle l'aïeul
mon arrière-grand-père
gouta au naufrage en Acadie
il venait du Portugal
savait que le soleil
cicatriserait ses rêves
sur son front
la musique des marées
m'avalera un jour

\*

la nuit s'ouvre
le deuil du jour se fait
les interdits nous demandent
de les nommer
une voix cherche un mur
pour répondre au noir profond

\*

une pierre lancée
comme une prière
l'enfance passée à genoux
au ras de la rivière
à l'envers avant le jour
janvier dangereux trop blanc
un récit troublant s'insinue

le centre de l'océan
l'ancêtre fait escale
les Açores l'avalent
le printemps est loin
ma tête pleine de poussière

*


la langue qui m'épuise se glisse
entre tout ce qui me tourmente
et le temps
le vaste bleu refuse de m'engloutir
mes souvenirs quittent le creux de mon oreille
prennent le large
là-haut toujours rien


*Aubes,* extraits, 2006

encore un rêve d'escalier
tu émerges de ton oreiller gris
une méduse divine
ton oreille révèle des miracles
minuscules mais envoutants
dans ta bouche inquiète
un vers roumain s'est glissé
t'a transportée vers des montagnes
loin des arbres de Judée
qui t'ont toujours attendue
je veux te joindre sur les pentes escarpées
mais je ne peux pas dormir
la mort m'est apparue entre deux syllabes
une complainte inachevée

un continent qui crache
le cumul d'images trop fluides
je prononcerai une prière
juste avant le voyage
il saura l'entendre
je saurai m'étendre

\*

rue de l'Élysée Ménilmontant
je renonce aux autres rumeurs
seule ta voix arrive
au creux de mon oreille gauche
mon corps a traversé l'océan
mais je suis toujours au pied de notre lit
dessinant sur ton dos
tout ce qui m'habite

\*

en attendant ce phrasé de bout du monde
je goute à un silence plein d'interdits
je sais que quand me viendra cette voix
à peine sortie des décombres
ton nom deviendra impossible à prononcer
seule ta peau saura me parler
avec son dialecte d'ecchymoses

\*

le portrait juste derrière la fenêtre
dans la chambre du jeune poète
un miroir à la recherche du bon mensonge

le lit plutôt conçu pour une petite fille
le piano vertical m'appelle
il y a trop longtemps que je n'ai pas composé
une chanson pour tes yeux verts
il y a trop longtemps


**Vérités,** extraits, 2008

ce corps aigri
aux extrémités de sable
vacille encore
entre une ascension
et une fuite
loin des sentiers rugueux
pleins de chants fracassants
de complaintes sauvages
de petites catastrophes
si lumineuses
je déposerai les armes
quand j'aurai la preuve
que tout ce que j'ai connu
n'était que brume
je cesserai de te chercher
quand cette plaie trop vive
aura cicatrisé
je disparaitrai
entre les vagues
d'une mer impatiente
quand mon nom ne t'habitera plus

*

cette mer qui m'habite depuis l'enfance
réussira un jour à m'engloutir
d'ici là je chercherai ton visage
t'imaginerai comme tu étais
avant mes trahisons mes dérapages

\*

dans ce lieu majestueux et sombre
où Borges apprivoisait ses brumes
revisitait ses bibliothèques enivrantes
je cherche le seul livre imaginaire qui compte
celui qui me parlera de ton retour

\*

tu t'acharnes à construire tes temples
alors que je continue à jouer à l'acrobate
devenant tornade ou ouragan
sautant d'une fiction renversante à une autre
me perdant dans les volumes de corps insaisissables

\*

sur la route entre Beacon et Montréal
toujours ébloui par les agencements lumineux de Flavin
je n'ai pas su comprendre que cette chose fragile
que nous ne possédions pas tout à fait
deviendrait poussière à l'épreuve des prières

# Christian Brun  1970

*Mémoires de prérenaissance*
Tremplin, 1996

bourgade aux yeux d'un ancêtre lointain, mauvais souvenirs, résultats d'erreurs couteuses pour l'un, cadavres encore pleins de sang tiède pour un autre, le désespoir revêtu d'or ne polit ses lingots qu'aux pôles, eux-mêmes peut-être des cadavres bientôt gelés par la pudeur et l'ambition, les presque morts se sont déjà rassasiés, observateurs du doute, craignez si ça vous amuse, pourtant, une toune rappelle, des cuillers claquent, les sabots tripotent, un violon crie, un vallium se lit, un jeune grinche, un bateau coupe le détroit de Northumberland, l'orateur atteste, affirme et lance la réplique avec le gisement d'un javelot, la page 107 braille, la prochaine console, la troisième coupe l'érable pour *feeder* le poêle à bois, la toile médite l'actuel et tricote l'outre-tombe, les yeux soupirent tandis que les lèvres soufflent l'hymne, pas de l'Ave tout le temps : du delta, du réveil pis du monde qu'on connait... à notre maniére : s'achèvera la naissance d'une postérité à l'aube du dernier ruissèlement, d'une dernière voix qui le répète ; tiède, peut-être... je le doute, le sang coule jusqu'à la dernière mémoire qui les retient...


*Galvanie*
Tremplin, 1996

l'amertume sanglotante se dévide du plus profond mépris, le bassin mérite la fondation d'un dévoilement ténébreux, je m'émerveille devant la tristesse d'une vallée seule, absence de voisins conquérants, le ciel fume la pipe du froid d'automne préparant ainsi le cloisonnement d'un été disparu, quand s'élève la gloire du durcissement retombe l'orgueil d'un monstrueux cirque organisé, pensées inflammatoires, pusillanimes comme le mot lui-même peut l'être, ruisseaux cherchant un couloir pour ramper, l'atterrissage grandiose, encore une fois, l'immensité de sa grandeur comporte un destin et une finalité démesurée

**compost**
*Hucher parmi les bombardes*, 1998

le pays que je charrie,

    je le nommerai
        *mamma mia*
        chiac qui craque
        *right on* pis *so what*
        le pays d'étrangetés et d'étrangers
        comme si je tranchais ma propre brise

le pays que je charrie,

    je le porterai
        dans mes rides
        sous ma première *layer* de peau
        dans le *vino* entre la bouteille pis l'orifice
        de mes babines
        – glouglou *to you*
        dans le café que je *grind* de saveur
        au bout de la langue – *watch*-toi ça coupe
        entre les traits d'syndiqués
        de mon expression mesquine quand j'la sors
        dans mon badjeulage
        entre les gouttes d'*ice cream* qui coulent
        sur la terre des premiers arrivés

dans mes images
de Pierre, Vincent pis même du Chevalier

le pays que je charrie,

    je le dirai
        à ceux qui font pitché autant qu'aux orateurs tannants
        (dans le fond ils s'éliminent au dernier calumet)
        à la mer en l'air
        aux porteurs de *flag* pis aux je-*care*-pas
        au mal dans la bouche pis aux biens dans l'assaut
        aux croches pis aux passifs
        aux oxy-gènes pis aux suffoqués
        au vent qui *wack*

le pays que je charrie,

    je pense que je l'ai vu
    dans la poussière sous le tapis d'une gravure

***tenter de croire que c'était impossible***
*Hucher parmi les bombardes*, 1998

deviner le son qui t'accroche
deviner le cycle de ta pensée
deviner la pression noire de ton sang
deviner l'espace qui coupe ton samsara
deviner la pupille qui encercle ton aura
deviner la statue qui projette ton 3$^e$ sensationnel
deviner la parole qui pousse ton incompréhension
deviner le saut qui éveille ton sain et sauf

sauf que quoi ?

rien ne peut prévoir l'aspiration qui médusera
le tissu de tes vices enflammés


**le matelas**
*Parade casaque*, 2001

une embarcation
qui désaltère
sur le sol étiré par Papa John Creach
le fond de ses lèvres rouillées
parmi la mêlée des coups d'archet
à miroiter la dissimilitude

assermenté de *screach*
        *crash & tongue step*
une *square dance*
        pour les critchets

teinté d'évanouissements
        tête remplie de permissions
une pépite d'eau
        dévorée à la lèche l'autre soir

verni d'anxiété et de fleurs
oser sans vraiment oser
mortismosis au sexe mûr

## Marc Arseneau 1971

*Méandres de la nudité*
À *l'antenne des oracles*, 1992

nous naissons
nous improvisons
à démesure
ce sanctuaire comme au temps de Baudelaire
une lettre à la mer
se décalque sous les limbes
d'une certaine lumière
où je retrace aux abords
les origines de ce lieu
déportées *till the end of the night*
notre visage se précise
transvesti en mémoire
fragile


*Au sault*
*L'Éveil de Lodela*, 1998

nous ouvrons la porte
au lieu des possibilités
de toucher tes cheveux
les brindilles d'herbes en feu
à la rive de tes hanches
à la ligne de ton dos
je sors avec toi
au sault voir
les tourbillons de l'eau
nous descendons

la colline enneigée
les pieds attachés
aux raquettes
pour empêcher nos chutes
je t'offre la main
au doux bonheur de voir
l'union avec le sault
le son de la chute saisit
notre apaisement
dans l'incarnation
qui défile
entre bois
entre toi
et moi


***À Ottawa en Pontiac***
*L'Éveil de Lodela*, 1998

je suis un revenant
déporté au présent
pour livrer la marchandise
du bateau en feu
enfiévré par tous les vœux
pour la mémoire du lieu
où les corps connaissent
les émeutes et les irruptions
de l'amour et de l'émotion
se cyclonent dans l'échange
du calumet allumé entre
la pouponnière et le cimetière
à l'hôtel des éternels
à l'ouvrage d'une esquisse

la nuit se glisse
noircie de rose lisse
à l'éclat métissé du soleil
au fond du désir
à l'intersection mobile
de la luminescence virile


**Bury my heart à Beaumont**
*Avec l'idée de l'écho*, 2002

faut-tu qu'on corde tous les souvenirs
comme le bois à Beaumont
ça fait quèques semaines que je pense à ça
tandis que les *trucks* ramassent le bois
la terre reste violée pis je me sens pareil
en regardant tout seul le soleil
se cacher de peur comme un enfant
loin des haches pis des *chainsaws*

à Beaumont une dernière fois
je regarde la marée monter la Petitcodiac
la Memramcook et la Chipoudie
dis-moi pépére aujourd'hui
avant que leur hache me fendent le tchœur
faut-tu que je *watch* cette belle place
devenir un autre Kouchibouguac
estropier mes rêves comme ça
avec une hache pis une *chainsaw*

fermiers pêcheurs femmes et enfants
écoutons la terre conter son histoire
Fort Galissonnière et ses tirs de canons

dont l'écho remonte encore plus fort qu'avant
pour tuer le tapage des *chainsaws*
y faut que le refus se lève maintenant
comme un tremblement
de cris dans le vent
comme autrefois
à Beaumont


***Encabaner***
*Avec l'idée de l'écho*, 2002

on a tous connu la fragilité du monde
quand on barrait les portes
pour faire une lente descente en soi
avec l'impression d'un contact intime
avec le mystère qui se développe à l'avant
à sentir des profondeurs le lieu
qui se tient dans la main de l'autre
des attentes s'avèrent vaines
par la force des choses et par le besoin
de se trouver une voix en tourbillon
sans que l'on puisse l'étreindre
ces jours où tout devient si vrai

**Paul Bossé 1971**

*Plein d'ancêtres*
*Un cendrier plein d'ancêtres*, 2001

Mes ancêtres
communiquent avec mes os
en tapant T-G-A-C
sur mon code génétique
tic-tac-toe
hérédité
une partie
de téléphone arabe
longue distance
Mésopotamie
à ici
Allo ?
à l'autre bout
de la ligne
ma une mère
mon un père
mes 4 grands-parents
mes 8 arrière-grands-parents
mes 16  32  64 aïeux
et une infinité d'autres hôtes
dansent dans mon sang
et coagulent
dans ma mémoire

Mutation
phonétique

*Paul Bossé*

Les sens
renaissent

A-C
devient
assez

assez
devient
encens

encens
devient
cendrier

Dans les cendres
de mon avenir
les ingrédients
moléculaires
de ma recette
vont descendre
dans leur tableau
périodique
natal
en attendant
de se faire
embaucher
pour la construction
du prochain
être ou ne pas être
vivant

## Émulsion volcanique
*Un cendrier plein d'ancêtres*, 2001

Le coq chante
le soleil se lève
les gens bâillent
ils ouvrent leurs paupières
et voient
chaque matin
le fulgurant
Vésuve
planté là
comme une sentinelle qui n'a pas
prêté le serment d'allégeance

Un beau jour inévitable
la montagne belliqueuse
a perdu son tempérament
et s'est mise à vomir
des injures visqueuses
sur la ville téméraire
qui a osé
s'approcher d'elle

Polaroïd primordial
le Vésuve a capté
et les gens
et les coqs
et les fresques
et les urnes
et les larmes
et même les rayons de soleil
sur le vif

transformant
instantanément
Pompéi
en un musée de statues de cendres
immortelles
qui auraient fait baver d'envie Rodin


**Ménilmontant**
*Averses*, 2004

sueur continentale de pente accent aigu
tapis magiques en solde dans tous les bazars
regardez les Vénérables
regroupés autour d'une chicha
coussin sur béton
couscous à l'agneau

la plupart des camionnettes blanches
ont servi de canevas aux peintres nocturnes

j'habite chez un dandy
qui joue du blues cochon sur son piano
hop ! il attire un matou égyptien
dont le portable sonne aussitôt
encore cet obsédé
conscience perdue dans l'égout
parait que c'est normal à Paris

convivialité charmeuse
filtrée par la gauloise
envie de dire
j'ai raison avec un sourire narquois

le type du coin
un habitué de La Pétanque arrive
la bougeotte dans les culottes
une maitrise moliéresque de l'*innuendo*
et une bouée d'appel éventuel

l'inconfort du dragué
désamorcé par le fou rire des indemnes


**Red Light Fish & Chips**
*Saint-George / Robinson, 2007*

la friperie à Pépère Diggit
la place où c'qu'i donnont les cours de français

le vieil édifice de commerce
beaucoup de ballounes multicolores
encarcanées dans les fils électriques
cé là qu'étaient la Cave à Pape pis le *diner* à Duane
un *LED* rouge noir annonce un poste
toujours du *labor* manuel

la poissonnerie d'la baie

dans sa vitrine
la réflexion d'la cathédrale filète la *flabby* chair blanche
d'une morue
aux lumières     souvent rouges
un resto où ça marche jamais gros
la vieille *Fire Hall* 1904
sous ses arches les jeunes mégotent
quand-ce y a pas d'vent

t'entends clapoter la fente de retour
des vidéos explicites
BAKERY *parking at rear*

      la béate aux nœuds cheveux bénit un passant

petit bar de coin qu'i fait *way* plusse de train
qu'le bric-à-brac d'avant
magasin vide
*tattoo shop*
boutique de bibelots bibliques

      le bourdon déchu passe en *shopping cart*

sur une porte grise ON THE CORNER
la galerie occupée par des Cubains *wannabes*

juste en face Kodak géant du camarade Ivan
papara-pointe l'objectif vers la friterie de luxe

      *Scary Sherry* pullover blanc zyeute trafic

derrière le *dumpster*
un *trucker* laisse aller la *clutch*

trakkkkkkkkkkkkkkkkkkkkkkkkkkkkkkkkkkkkkkkkkkkkkk

le resto pour les gens qui mangent bien

le *funeral parlour*

## Art ou artillerie
*Saint-George / Robinson, 2007*

à entendre le musicien
spleener sa dévotion hors du baril de son saxo

tu crairais qu'Dieu était sourd

à voir un moyen désorienté
s'éclater en plein autobus de jour ensoleillé

tu crairais qu'Dieu aimait la *gore*


## EXT
*Saint-George / Robinson, 2007*

observatoire gris au coin de la tentation
sous les *front steps* une seringue désamorcée

« l'Art vous aime »

quatre cônes oranges entourent le *manhole* ouvert
une tête d'homme casqué *stick out* du trou

sac brun éclaboussures vertes

la postière ses mains encombrées d'adresses
d'ex et de ex-ex et de ex-ex-ex locataires

*yard sale* su un boutte de trottoir la *size* d'une baignoire

le proprio simili-Godzilla dans sa crèche de vitrine

détourne le regard d'un roi mage

familier raclement enroué le bourdon qui sillonne

midi meute rectiligne
les abuseurs d'*eyeliner* noir

tous les poteaux *staplés* par de l'acné

délectable minute fugitive au sein du soleil
celle qui attend un *lift* tète lentement son filtre

leurs *suits* identiques un *dead giveaway*
deux mormons s'en allont dans mauvaise direction
train les wagons comme une série de barres obliques

(slash)

pendant qu'la neige fondait

deux flammes du trottoir
vingt et vingt-quatre

postillon engueulade puant la vendetta

*so what* si cé l'après-midi

couteau d'poche sort sacoche

/

ste visage-là vendra pu jamais

## Jean-Mari Pître 1971
*Frère de feu*, extraits 2009

ciel d'orage
se décompose
soudain
sous mes yeux
visions
d'un soir
peines
à contenir

soudés
dans cette symphonie
ton silence
ma folie

le sort
ne pourra
te retenir

c'en sera fait
tu ne te prêtes plus
à la surprise

\*

tu tires un trait
envie
de partir
horizon d'un futur
achevé

suivent
le torrent
ces flammes
pour me surprendre

on sait tous
que le mal viendra
pour mon bien
je doute
que le sortilège
surgira

\*

retour aux sources
dévaler la pente
de tes soucis
de ta tourmente
comprendre
ce feu
derrière le regard
chaleur
sous les yeux
ce froid
dans le dos

\*

pour ton départ
t'inventer
une fin du monde
où tu te sentirais
enfin bien

un jardin d'absinthe
où l'envie
mène le bal
une chaleur
brûle la pudeur
les flammes
éternelles
à nos mémoires

\*

longue nuit
blanche
comme un hiver
sans flocons

espace de bris
où tu t'enfuis
caché
au secret
de tes vertiges
s'y révèlent
le langage
des non-dits
nos réalités
à venir

# Jean-Philippe Raîche 1971

*C'était un soir de mi-novembre...*
Une lettre au bout du monde, 2001

C'était un soir de mi-novembre
il y longtemps
bien avant les Weldon
et les Somerset Blues
je vous avais légué
ma violence secrète
alors que vous rêviez
des landes océanes
aux iles innocentes
où nous n'irions jamais.

Souvenez-vous
nous n'avions pas vingt ans
mais l'urgence de vivre
et nous ne savions pas
que chaque homme se meurt
dans la mémoire d'un autre.

\*

Nous n'avions pas la même langue
ni les mêmes angoisses
ni la même façon
de regarder la mer

d'autres musiques vous hantaient
d'autres amours aussi

nous n'étions pas de la même maison
pas des mêmes chamailles
ni du même mensonge

je vous aimais pourtant
je vous écris du bout du monde
avec ma langue qui résonne
au son des *leaps* de *track*
des j'ma rappelle
des viens ouère 'citt'ta là

des j'te oirai bétôt
en montant l'chman du clos
pis j'm'élongerai dans l'harbe
té ma vie

des m'aller t'qu'ri' che vous
i' chial'ront si qu'i' veulent
pis j'criss'rai l'feu partout
j'me form'rai p'us la yeule

te câlice pas c'qu'on va
on va y aller pareil
l'ôte bôrd du clos
p'us loin que l'large
ayoù c'que rien nous bâd'e

teben demain matin
beugé j'te l'dis
demain
tusuite
ajeuve
à cause que té ma vie

beugé yallé
beugé
spère ouère que j'oueille
pis qu'j'alle te qu'ri

pour tous les testaments
que vous ne savez pas lire
pour ces noms de famille
s'écrivant suivant la musique
que les curés n'écoutaient pas

pour venger les parjures
les trahisons
le mal
la blessure et la honte
que vous avez gardé cachés

je vous écris du bout du monde
une lettre barbare
où le monde n'est rien
loin de l'enfance et de vos chants

je ne sais pas non plus comment s'écrit beugé.

\*

Il nous fallut tout inventer
des lieux où nous allions
maudire le monde
se le mentir
ne jamais parler de retour
dans notre immense solitude
et dans la plaine inhabitée

risquer le pas
qui touche l'horizon.

\*

Je croyais aux promesses
aux amitiés indéfectibles
à la mémoire des autres
j'étais un prince
et je savais parler.

\*

Je voulais habiter de musique
les silences guerriers
donner à la laideur un rythme.

\*

J'y ai mis des années
et de très longs amours
des exils et des gestes sacrés
ceux des retours qu'on promet
j'y ai perdu
autant de rêves
que d'amis
j'ai même vu un homme à marée basse
sculpter le torse d'une femme surgissant de la dune
puis je l'ai oublié
comme on oublie le jour
sous la violence de midi

j'ai écrit de grands vers
où la nuit monotone
n'était pas la nuit
et je les ai relus
sans jamais y marcher

j'ai cherché dans les corps
le sublime et l'enfance
car je voulais toucher des mots

j'ai cru m'y élever

j'arpentais mes silences de sourd.

\*

J'ai fait de mes défaites un artifice dangereux.

\*

Je vous écris du bout du monde
tous ces naufrages qui appellent
ce qu'il reste du jour
ce que nous ne pourrons plus nommer
depuis que nous avons
touché du doigt le ciel.

\*

J'ai souvenance encore
de nos corps à l'aurore
votre absence est un lieu que j'habite
j'y sais l'immensité du monde

entre vos bras tendus
je m'y ferai mémoire
où vous attendre entre deux guerres
vous qui m'avez appris
les serments du silence
quand le jour nous dépasse.

*

Soyez de mes amers éveils
de mes amours et des orages
aux soirs de rage et de détours
soyez mes âmes et mes réveils
soyez le jour qui veille
en de noirs paysages
annoncez mon retour.

**Du plus profond de nos défaites...**
*Ne réveillez pas l'amour avant qu'elle ne le veuille*, extraits 2007

Du plus profond de nos défaites,
avec le bruit des parades usées,
et nos rires,
et notre nom commun
qui pèse,

du fond des heures gaspillées,
du manque
sous nos pas,

je viens
avec au creux des mains
l'eau rare des ruisseaux d'été,
les parfums neufs de la terre
que le regard assèche,

et je n'ai rien promis,
rien veillé,
rien voulu.

\*

Me voici. J'ai promis de ne jamais t'attendre.
La splendeur dans la plaine au soleil suffit.
Ton cri s'élève et fait le jour où je suis née.
Tu es ma terre froide qui réchauffe, qui vit.

Voici les doigts que ton odeur ne quitte plus,
la source souterraine que je remonte seul,
ébloui comme une ombre en toi, comme le jour.

Nous ouvrons dans les murs de fragiles passages,
d'étroites chambres peintes pour nos corps et l'été
où nous réinventons des villes à chaque fois perdues.

*

À nous cet impossible chant,
nous dont les poings se refermaient toujours
sur des brulures à vif,
cette vengeance,
la première que j'entreprendrai seul.

Il faudra que ce soit tout d'abord un mensonge.
Il faudra que ce soit mal écrit à dessein
pour ne pas oublier l'indigence
et notre dénuement
qui n'en finissait pas
dans le trop court été.

Je ne veux pas attendre
qu'on m'annonce nos morts.
Qu'avons-nous fait de celle des autres ?
Rien.
On ne fait rien
devant les corps émus
comme devant les cadavres.
On s'y résout,
de mort en mort.
À moins d'avoir tué,
on ne dit rien.
On prend.

*

Il me faudra arracher chaque mot
au jour qui gagne,
dans lequel je m'abime,
m'acharner dans les sables mouvants.

Ne me demande pas d'où je reviens.
Écoute et veille
ce qu'il en reste dans mon souffle.

*

Attends
ce cri décomposé,
non pas encore un chant,
découvrant la lenteur,
la lenteur l'envoutant,
faisant ou défaisant la nuit,
cet oiseau inouï
du retour
que j'entends.

*

Le jour
qui te suit
dans la rue
suffit à mesurer
l'intolérable vide qui menace
quand la terreur couve
ta beauté.

## Marc Poirier 1973
*Avant que tout' disparaisse*, 1993

### *Avant de me noyer*

si j'avais un bateau
je partirais naviguer
pour t'écrire un poème d'amour
avant de me noyer
si j'avais 20 piastres
je m'achèterais
deux bouteilles de vin
pour t'écrire
le plus *wild* des poèmes de la ville
avant de me noyer
si j'avais le temps
je t'écrirais
un poème
qui te dirait tout
pour que j'aie plus besoin d'écrire
avant de me noyer


### *Parkton à Robinson*

Parkton
à Robinson
100 milles à l'heure
et la vitesse augmente
entre le Kacho
pis la Botsford
sous les poteaux de lumière

la musique bouge
les idées crient
et les mots s'enchainent
comme des jurements d'ivresse
Ayakaya
Ayakaya
et la vitesse augmente
parce qu'on se laisse pas arrêter
juste au cas où
on pourrait pas
recommencer


### Guy

je sais de yousque tu viens
Guy Arsenault
j'ai vu Bob Dylan
venir de là
Ulysse Landry aussi
tu viens pas de la Chester
tu viens pas de Saint-Henri
tu viens pas de Parkton
Moncton Acadie
tu viens d'un cœur qui t'appartient
un cœur sans *bullshit*
pis je te crois
Guy Arsenault
quand tu dis
tu viens d'icitte

## André Muise 1975
*La falaise à la fin des marées*, 2002

*Le veng*

*Soudainement, le veng s'avait levé coumme un vieux-t-houmme qu'avait dormi trop longtemps…*

Les arbres se balançont à gauche et à droite et ils tournont en rond. C'est le veng qui leur fait ça. Mais c'est point fort assez pour qu'ils timbiont. Point coumme les feuilles. Le ciel est parsemé icitte et là de feuilles rouges, jaunes, orange. Tu croirais qu'il y avait un feu à tcheute part.

Moi, je suis coumme les feuilles — le veng me feusse, me fait timber à terre. Mais le veng est *right* chaud. Ils disont que c'est à cause d'une *hurricane* qui passe proche de nous autres, qui vient du sud. Une *hurricane*, c'est une grousse *storm*, qui vient des livres et des États. C'est la première fois que j'en vois y-une venir par icitte. J'ai jamais senti le veng si fort, si chaud.

Le veng erchauffe tout, même la pluie. Elle coule sur ma face, mes bras. Dans le ciel, je peux voir des grous nuages noirs, coumme une grousse boule de coton noirci. Il y en a d'autres qui s'en venont.

Pis le veng est partout. Il pousse contre tout. Il pousse contre moi. Ej *feel* coumme y-une d'estés feuilles-là, timbée. Mon corps est petit dans le veng, pis il me parait point trop important drouette asteur. Point avec este veng si fort qu'il parait coumme si qu'il pouvait passer drouette à travers de moi si qu'il voulait.

Je me demande quoi-ce qu'arriverait si qu'on suivait le veng. Si qu'on le prenait par la main et qu'on se laissera emporter. Ça m'arrive itou de me demander si que les oiseaux sont des anges, même si les corbeaux que mon père essaie de tuer à coup de fusil la seconde que ça s'apose sur le *lawn*.

Asteur le veng se lève pour de bon. Il est debout, avec les deux yeux rouverts, pis ses yeux sont sur moi. Son regard me chavire. Je peux plus penser. Le veng me tire icitte et là, coumme un maitre qui hale son chien par le chagnon du cou. Je me bats contre le veng, mais c'est dur. C'est point possible. On peut point battre le veng.

J'arrête de *fighter*. Le veng me pousse par en avant. Il se faufile entre mes jambes et s'attoque contre ma poitrine, et me pousse vers le ciel.

### Les lapins nayés

ma goule tiendra à bruler
une envie
pour la miette de temps
(la nuit qui profite coumme une poumme su' mon jardin)
avant que je pouve dormir, counnaitre
le temps qui pèse coumme la mer
su' un houmme qui se naye
au goulot de l'éternité
(des lapins qui traversont le frette d'un mecôque gelé)
les impossibilité s'empilotant y-un su' le fait de l'autre
(jusqu'à ça que la neige raye coumme un miroué cassé)
jusqu'au chuchotement des rêves
tu peux les voir, mon souffle ennijaganné par le frette
(des espaces vides ioù-ce que la lumière peut point s'en nicher)
je suis deboute
je vois (des « manières de » qui voulont la comprenure)
et tout le temps trafiquant dans mon esprit

que je saye au logis ou non
je me demande si tchezun a dit cécitte avant
si estés mots
icitte
avont *ever* été tcheute part
hormis icitte
(des lapins encore, hachouillant des pistes dans la neige)
(des pères qui tendont des collets, l'échine courbant par-dessous les branches)
et un collet qui s'élève coumme tcheute mode de soleil
(le soleil qui se garroche du *back* du logis
pour se fourrer le nez jusqu'au fond de la mer)
je les happerai. asteur.
(les corbeaux, este année, timbant du ciel pour picocher
après des lapins nayés dans du *stainless steel* et du cuivre)
(les souris itou. charriant petites miettes de viande coumme des grains de sable)
(je les damnions. leur petitesse)

la nôtre.


## *Queurve-goule*

je dors
mais j'attends mon soumme
ma langue
qui largue ses amarres icitte
pour parler longtemps
longtéang
à la valdrague
glorieusement à la valdrague
ioù-ce que chaque mot sounne coumme des siècles

parler avec ma goule
avec ma plume
se prenant dans le veng
au bout de mes doigts
huchant
chuchotant
en –éang
en –onne
et surtout
sans honte
qu'elle vienne d'icitte ou d'ailleurs
surtout dans le doute
qui tchint à ronger
mes plages
le plus que je navigue

*His legs went*
qu'ils disont à l'autre table
le vieux-t-houmme
et sa face acadienne
mais sa goule
vidée
et pourquoi point le demander

mais y a point de houle
point icitte
point dans este ville icitte
qui vit
qui souffle
à cause de nous autres
qui contchint à nous fourrer du coton dans le got

qui nous étouffe coumme une vieille femme au lit
l'oreiller douce
s'enfonçant au creux de nos poumons
qui baveront des flammes
des catacombes en flammes
avant qu'ils s'endormont
qu'ils fondent

il faudrait hucher avant la fin

que nous *fuckions* les langues d'amarrées par notre volonté
de se cacher dans les bois
cette maudite peur qu'ils allont
encore
tout prendre

tout bruler

mais c'est sûr
ils pouvont p'us nous bruler
je sons ben trop *cute*
ben trop mignon
à chanter
à danser su' des quais
(le poisson salé se vendait ben
il y a un temps
itou)
et *anyway*
y a rien qui pue plus qu'un corps qui brule
surtout les déterrés

je bois
du café

par habitude
rendre plus creux
le vide
la peur des mots
vides de sens
d'âmes
pleines de marde
et surtout de rien
rionne
et riogne
on ramasse des pilots de rien
pour les jeter dans des vallées de zéros
qui se vidont dans des océans de nuls

ioù-ce que je serons tous ben vite
si qu'on tchint à prendre garde à nos langues

si que ma goule queurve
il restera p'us rien
p'us rien que le *mall*
la tv
tcheuques notes de musique
de la *rappie pie*
et un pilot de langues de vaches
accrochées
acréchées
domptes
domestiquées
qu'avont pourri trop vite

pour sentir

## Glen Charles Landry 1975
### Croquis urbains d'un Francorien, 2006

*War chiac*

Il arrive en gros *plane*, man !
Chassé par son propre *crash landing*
*Right* dans l'*middle* d'un désert de sable rouge.
*Fuck man*! *Watch out* pour la *plow*!
Vois-tu pas son *blinker*?

Ffffiiiiiiiiiiiiiiiiiouiiiiiiiiiiouiouououoooooooooooooooooo !

La *hand grenade pop out* du *toaster*
Juste ben cuit *golden crisp*.
Au moins, elle *check* la *time*, *man* !
Tic, tic, tic, tic, *holy shit* ! Tic !
*Grab* ta carcasse pis *move*, *man* !
I est le temps de danser pour pas *booster* la *rhyme* !

Kaboom !

Le réservoir de *dogs* cherche leurs *guns*,
*Pink* !
De la ouate de phoque plein les oreilles, *man* !
T'savais-tu que la *barrel* de *booze* a perdu
Toutes ses petites bullets su' *U.I.C* ?
Mais *worry* pas ta tite *brain*, man !
I viennent juste de *checker-in* leurs *pink slips*
Dans ta vieille p'tite tête de *looser*.

Bang !

## Chus juste un Francorien

Chus juste un Francorien
J'ai une langue
Qui ne sait plus sur quel joual trotter

Chus juste un Francorien
Avec rien comme langue
Pis pas de pays
À tatouer
Sur mon front
Pas de drapeau
Que je peux arracher
De ma poitrine

Chus juste un Francorien
Déporté chez les têtes carrées
Et la seule chose qui me reste est une langue
Qui ne sait toujours pas sur quel joual trotter.


## Déportation

Les enfants brulent dans nos champs, Marie
Dans leurs rêves enflammés et leurs idées calcinées
Les enfants crient dans nos maisons, Marie
Avec des chants aboyés et des voix déchirées
Les enfants pleuvent dans nos yeux, Marie
Avec l'orage sous leurs paupières et l'amour dans leurs larmes
Les enfants tombent à leurs morts, Marie
Avec leurs silences de tombeau et l'hiver sur leurs visages
Nos enfants sont où, Marie ?
Nos enfants sont où ?

**Mario LeBlanc 1977**
*Taches de naissance*, 1999

*Reverb*

j'ai rêvé un rêve
un rêve fou
un rêve grammaticalement fou
on marchait la tête haute
dans une ville bien lignée
on marchait comme des virgules
qui sautaient à la bonne place
dans les phrases
on marchait comme des points
qui terminaient chaque paragraphe
on vivait en accord
avec le sujet de notre vie
on vivait dans un mode
on vivait dans un temps
conjugué à l'auxiliaire être
dans une ville
de LeBlanc
de Cormier
de Gallant
je suis
tu es
il est
nous sommes...

## Un son qui voyage

un son qui voyage
d'un espace à l'autre
me rentre dans une oreille
et sort par l'autre
la mélodie me reste dans la tête
elle ne sort pas
elle reste *stuck* dans ma cervelle
c'est une mélodie si belle
qu'elle doit faire la guerre pour sortir
pour naitre dans le monde
qui la joue et l'écoute
que c'est remarquable ce son qui voyage


## Rouler nos r

c'est vrai qu'on roule nos r
mais le chiac c'est du rock
pis le rock ça roule

## Georgette LeBlanc  1977
*Alma*, 2006

### *dehors*

il y a point deux prusses pareils
à la côte ils poussont tordus
comme des vieux ou des malades
leurs bras et leurs doigts comme une neuve symétrie

c'est la religion des saisons qui fait ça
on leur donne des noms mais chaque hiver a sa tempête
des neuves morts
des neufs mals
chaque printemps sa façon de braquer

ancrés à la terre
les prusses vivont les humeurs du vent et du sel
ils changeont pour le nord ou pour le sud
sans changer de place ni vraiment d'attitude

l'attitude c'est ça qui fait la différence entre les prusses
c'est ça qui fait qu'on veut jouer
sous un prusse pis point l'autre
ils avont tout chaque leur attitude
leur manière d'affronter le vent
pis c'est ça
la manière d'affronter le vent
sa misère et sa tendresse
qui nous attire sous un pis point l'autre

l'attitude c'est la différence
entre la voix de ma mère
et celle-là de la Vieille d'à côté

une voix qui se laisse emporter
et une voix qu'a peur du vent


**la *spelling bee***

une *spelling bee*
c'est une affaire pour savoir
si ej pouvons coller des lettres ensemble
comme il faut

comme il faut
ça veut dire comme dans les livres
dans les logis du monde important

les autres apprenont les mots par cœur
parce qu'ils avont peur de les oublier
mais moi ej connais l'origine des mots

la maitresse commande *fleur*
pis ma tête braque à *buzzer*
ej me perds dans un champ de pissenlits
les premières fleurs de serpent
la rosée d'hier matin
le train du bois qui se fait chacoter
Mississippi
des vallées de misère
trop de vase pour continuer

la sueur brune des roches bourdées
la parenté aux mecôques
ej me promène d'une lettre à l'autre
jusqu'à temps que ça colle
jusqu'à temps que sur ma langue
j'aie le gout du sucre

Pierrot dit qu'ej parais à moitié endormie
ma goule se rouvre collouse une miette
et le mot sort tout aisé

j'ai point dit mon secret à personne encore
mais Pierrot hier m'a appelée
ruche


**les *Tramps***

les *tramps* arrivont dans la boucane de la *train*
une magie noire et épaisse qui reste collée à la peau
deux trois sacs à la *tow*
du butin comme les *rugs* qu'ils vendont
des couleurs qu'ej vois rinque l'automne dans les arbres

ej sais point si c'est leurs chansons de loin
ou leur langue qu'ej comprends point
c'est peut-être une miette la façon
que Mame leur prend garde
sans connaitre leur nom

c'est peut-être leur façon de dormir dans la grange
avec les bêtes

comme des bêtes
on dirait qu'ils avont compris de-quoi
qu'ils savont comme moi
qu'il y a du sucre dans le matelas de foin

c'est peut-être leurs sacs remplis
l'idée qu'ils allont se promener pour sûr

les oncles et les tantes qui quittont
quittont le village le sac vide
leur marteau et leur misère sur l'échine
tout le temps la tête virée
comme si ils vouliont point quitter
mais les *tramps* se promenont de village en village
tout le temps les sacs remplis
comme si la terre entière leur appartenait
comme si leurs racines poussiont partout


*l'enterrement de la petite*

le père rentre au logis pour expliquer à mon père
c'est tranquille dans la *pantry*
c'est tranquille dans le monde

ej montons dans notre chambre
ça prend une belle robe pour un enterrement
une robe de n'oncle Antoine
des États

les *tramps* sont assemblés en cercle autour d'un petit trou
dans le petit trou il y a une petite boite

point plus grande qu'un merle
point plus grande qu'une petite fille

les *tramps* sont habillés dans leurs couleurs
la magie noire collée à la peau
ma famille blanche comme un mur de nuages
en dehors du cercle
comme si faulait point trop s'approcher
mais chus trop proche de leurs corps
pour rester dans le ciel
ej sors mon *scarf* rouge de ma paume
et ej l'amarre autour de mon cou
ej prends un pas de l'avant et des mains
me grimpont de chaque bord

comme de l'électricité
j'éclairons la petite pour la dernière fois
bien nigée dans son dernier nid

elle dormira bien
elle a bien dansé


### *aux États*

Mame braillait hier soir
elle avait de la misère à le cacher
les murs de notre logis sont trop maigres
pour cacher la misère
son frère va quitter pour les États
le premier de la famille à s'en aller loin de même

aux États
c'est une grande place avec beaucoup de monde
beaucoup de monde qui portont des beaux chapeaux
qui disont *please and thank you*
mon oncle va montrer à ctes Anglais-là
comment bâtir un logis comme il faut
pis ses poches allont se remplir de sucre et de butin rouge
dans le temps que ça va me prendre à passer
mon quatrième livre
pis ça, ça prendra point longtemps
chus déjà rendue à mon deuxième
pis j'ai point de misère à lire

mais Mame avait peur hier soir
une tempête sortait de son corps
ça sonnait quasiment pus comme elle

ej m'ai levée tôt à matin pour faire sûr
que c'était encore la même femme
elle était là
en train de chauffer le lait, faire le pain
dans le mitan de la chaleur comme d'accoutume
mais différente

des fois brailler c'est comme l'automne
ça scoue les arbres

ej voulais lui dire
que le printemps s'en vient

## confession 1

ej veux aller aux États moi itou
ej veux suivre les *tramps* jusqu'au bout du monde
pis revenir pour dire à ma mère
qu'il fait point peur dehors


## he loves me... he loves me not

le jour il va s'éduquer avec les grands au Collège
il apprend à parler le latin pis des langues
que rinque le monde important connait
moi ej parle le pissenlit, le corbeau et une miette de goémon
Pierrot dit que ma goule pue

mais j'ai jamais pu bien comprendre les Soutanes Noires
c'est un langage qu'ej vois point
il existe rinque au Collège
dans des chambres avec des grosses portes à clé
dans des chambres où ce que personne ricasse
ou raconte des histoires

Pierrot est sûr de son affaire
mais Pierrot peut pus me dire la différence
entre une pomme de pré pis une gadelle
faut qu'il arrache ses hardes de travail
pour mieux entendre les histoires importantes
ej sens pus le sang de sa peau
il reconnait pus les cris des corbeaux

selon Pierrot
la différence entre la gadelle et la pomme de pré

est point importante
c'est la différence entre une pomme de pré et la canneberge
la différence entre le prusse et le sapin

il me dit ça avec ses yeux noirs d'amande
sérieux comme un moine avec ses neuves manières
c'est encore les mêmes babines, les mêmes doigts
mais il y a de-quoi qu'a changé

les Soutanes Noires avont barré les saisons de mon homme
dans des chambres à clé
quand ce qu'il arrive le vendredi
ej nous assisons sur le billot au ras la rivière à Mack
ej le couvre de fleurs de mai pis de berlicocos

mais il se souvient point
il se souvient pus

**neufs mots**

les neufs mots de Pierrot sont comme des silences
ils avont un pouvoir sur moi qu'ej peux point expliquer

Pierrot me dit qu'ej pourrons jamais explorer ni la Chine
ni les États ni nulle part sans parler la langue du silence

*Alma, tu sais, c'est point de notre faute si ej sons esclaves*

c'est point la première fois que j'entends le mot
mais pour la première fois
*esclaves*
me perce le cœur

ej l'avais jamais trop compris
mais pour la première fois
ej vois sa forme et ses ancêtres
pour la première fois comme par mystère
ej me demande si c'est peut-être point vrai


**retour de l'exil**

les *bots* arrivont des États
et n'oncle Adolphe revient au pays
quand ce que les richesses d'un pays sont pus là
et que le monde a faim et que la terre est sec
les hommes et les femmes commençont à se regarder
comme des bêtes
et l'idée leur vient à la tête de se dévorer

parce que la ville est rinque faite pour la richesse
c'est un cœur qui bat aux veines d'argent
n'oncle Adolphe nous raconte ça sans embellissements

*j'ai entendu le cœur de Boston mourir*
*ça point pris longtemps*
*comme si l'argent avait jamais été là*
*comme s'il y avait rien de vrai du tout*

*c'est ça la mort*
*elle nous appartient point*

## Éric Cormier 1979
*Coda*, 2003

**La fin de Montréal**

Mon cœur est troué
comme le refrain brisé
à la mer tombée contre l'eau douce

le pont des roses
que nous traversons ensemble

épines à nos pieds

le désir de continuer quand même

\*

presque dix heures
je n'entends plus
mes yeux tombent lentement
cette soirée d'avant

je me laisse prendre
par la soif de comprendre
et j'attends que tu te diriges vers moi

à la fin des temps
l'oiseau pose son corps
contre l'écho abattu de son pouls

j'avance vers toi
lentement

des lettres lancées
mais l'écrit continuel
telle la mémoire étreinte
d'un regard fané

écoutons la mer
chanter l'horizon

*

les pages jaunies
écrits de la vie
nous sommes guidés
vers la limite du temps
qui roule son papier

et je cherche tes chagrins
dans les mots vierges
en berçant ces horizons défaits

le feu se jette à l'eau
pour y comprendre le principe

*

j'ai lu tes poèmes
mangé tes mots
dans ma mémoire nulle
la tentation existe pour toi

j'ai tenté tes départs
à l'occasion

et mes passions écrasées
contre un retour à plein temps

\*

le vent reprend doucement
contact avec ma tête et le présent
regardez-moi encore une fois
allez-y doucement

il vente

tout redevient vide
le cœur bat maintenant à la vitesse régulière
et tout recommence

à deux pas d'ici vécut Nelligan

le poids des sacs sur mes épaules
lourd comme la terre en équilibre
sur le bout d'un doigt

il était la deuxième fois
le langage fou du temps
dans lequel on se perd

l'orage
dans le ciel
qui gronde

se coucher dans un lit d'étoiles
la tête basculée

jusqu'aux rideaux du soleil
catapultés étroitement

*

parce que Montréal me fait penser à toi
aux jours
à la plus longue des nuits
qui se laisse tomber plusieurs jours

me fait penser aux corps peu habillés
sur les artères de la ville
dans le sang qui s'agite
devant nos derniers regards

me fait aussi penser au bain qui coule toujours
dans les Jardins d'Antoine sur Saint-Denis
comme si faire l'amour allait un jour nous oublier
nous
qui trainions sur le bord des tables

me fait penser aux putes qui marchent à dix heures le matin
entre les mots des passants qui disent n'avoir rien vu

*

me fait penser aux gens qui font la manche
au paquet de cigarettes qui peut partir en dix minutes
sous le vol de vautours

me fait penser aux déceptions
à tous ceux que je ne connais pas encore assez

pour parler
de ce que je suis devenu

toujours les nouvelles sans voix
comme si le temps n'avait plus de toi

\*

je suis devenu
une terrasse
en pleine pluie de mai
pendant la canicule de juin
où les gens s'approchent pour jaser
ne sachant pas que je garde tout d'eux

je suis devenu
le Drug Store au coin de la rue
la dernière gomme à mâcher
le dernier stylo qui rentre à l'hôtel la mine basse
la vue même de la ville
les simples recommencements qui ne finissent plus

je suis devenu
le resto du coin
où les gens pressés entrent

je suis devenu
l'heure au poignet des gens
la croix du mont Royal
les gens qui s'embrassent aux coins des rues
les regards des sans-abris

les multinationales de mon cœur
le rythme même du trafic
comme quelqu'un qui observe sans arrêt

je suis devenu
la femme qui rentre au Drug Store
le pusheur sur le bord de la rue
les maisons anciennes
le style

je suis devenu
la piquerie où les gens s'aiment
l'*overdose* des junkies

l'horizontal de la croix
le vertical de la croix
la terre qui encercle la croix
la rue Mont-Royal
la peau tatouée de la croix

je suis devenu
les lèvres d'une province sur les bras cicatrisés
par l'amour même que je te dois
paroles pour l'envie même de l'encre remontée
comme si s'échouer n'était plus une possibilité

souvenirs des folies
qui semblent quand même à bout de souffle
je me souviendrai de toi
comme une parole qui n'aura jamais plus de sujet
à peine l'écho en reviendra abasourdi

## Cindy Morais 1979
*Zizanie*, 1999

*Transaction du corps humain*

Je suis prise
Je n'ai pas de pieds
Ces nombreuses ficelles
Accrochées à tes cheveux
Me font perdre mon visage
Dis-moi non


*Extasie*

La chaleur étouffante
la sueur de nos deux corps étendus
sur la surface de plastique
provoque l'envie de se faire avaler
par la lune


*Sens unique*

Y a rien qui se passe
ça sent la nature morte


*Demain*

ce matin
j'ai vu mes pieds
accrochés

aux étoiles
j'ai vu mon visage
noir et ma peau
blanche
le silence a voulu
transpercer
la nuit si délicate
hier j'ai vu
mon corps fondre
de désir
réflexions enchainées
abattues
idées morbides
cachées
derrière les buissons
ou la nouvelle vie
y était
plusieurs personnes
étaient vêtues de leurs
habits de naissance
ils essayaient de fuir le présent
pour bruler l'avenir

# Christian Roy 1979
*Personnes singulières*, 2005

[...]

Ce n'est pas une question d'idolâtrie,
ce n'est même pas un cas d'allumette :
il trouve tout simplement
qu'en purifiant la maladie,
qu'en cultivant la bactérie,
on modifie la fréquence de l'âme.

Ce n'est ni un livre ni une liaison ;
c'est une assonance spirituelle.
On doit syntoniser les cœurs paraboliques,
capter la foi,
blanchir les agneaux noircis.

[...]

Bien dans ses mains, il berce son cou, fixe des anges mous qui ne se lassent d'être portés de porte à porte pour répandre leur bile moite et sacrée. Il n'a jamais tort, n'a jamais pu s'en dissocier, ne cherche plus à s'en aller, mais veut souder des serpents aux branches de ses mains, arbres à peau blanche d'épices et de témoins.

Son lit n'a que des bons côtés, donc les éveils ne sont jamais pénibles. Elle a sous l'écorce des vautours avares qui sans malice veulent mordre et amadouer les amarres, pour arrimer à son fessier sa petite pluie fine. À l'abri dans son étang, elle contemple son torrent, ses anneaux, ses rênes et ses déboires, car cet homme n'est en vie que pour bouder dans son boudoir, à même son front il trace son nom de lèvres sèches qui tremblent encore.

Le réveil sonne pour les détacher, mais elle se fait cochonne, donc il peut s'en aller. Au diable les fouets qui le lacèreront allègrement de tout son long, il a franchi le seuil du temps et s'est pelotonné contre l'aiguille qui rongera lentement tout son sang, puis éclatera contre son gré. Ils ne patineront pas sur place, mais renifleront le sable des années, boiront une mer à boire dans un biberon tiède, seront des enfants enfouis dans la fièvre, bruleront de leurs vices avec les doigts enlacés dans le dos, le sourire plein les dents et l'avenir aux trousses.

[…]


**Poignards**
*Gènes et genèses*, 2009

I

Je suis les jours froids dans la ville grise,
janvier devenu terriblement réel,
trainé sur les genoux,
usé comme sur une meule.

Des gouttelettes pendent aux pancartes,
étincelles éveillant la flamme,
comme un piètre gout du lendemain
voulant assagir la pluie.

Je consacre mes jours à flâner,
cherchant les visages les plus esseulés,
car les intersections donnent leur dernier sou noir
pour enlever une seule épine de leur couronne.

Quel supplice de vivre ainsi,
dans cette ville aux yeux de pierre,
longeant des rues aux trottoirs d'acier.

II

Les épines sont parfois longues,
ancrées dans les tons du désespoir,
et ces visages que j'espionne,
ils ne connaissent d'autre univers
que celui-ci, morne et bordé de givre,
une couche dont la morsure est fatale.

Je marche sous un déluge hésitant,
incapable de saisir ou même de rêver,
barbe et cheveux en gelures,
doigts en poignards,
stalagmites d'un hiver interminable.

Parfois, la pluie cesse,
mais je sais qu'elle reviendra,
car la nuit débarde,
n'est que simple écharde,
lame enfouie dans mes souvenirs.

## Stéphanie Morris  1979
*Le risque des rêves*, 2002

*Le risque des rêves,* extraits

[…]

Dans le vent des brindilles d'herbe s'allument
Le feu s'infiltre dans ses parois
Il n'en reste guère
Quelques miettes
De petits morceaux déjà ternis
Par la situation

Ça me rappelle des jours ténébreux
Où j'ai vendu mes membres
Où j'ai joué la comédie
Où j'ai fait des pirouettes

On pourra bien se foutre de ma gueule
Et s'en laver les mains
Sur mon dos

On va bien finir par y croire
Que je ne suis rien

[…]

Tu me dis que je suis belle
Que tu ne viens que pour moi
Je te crois, je te suis
Et te laisse tomber

Tu avais posé ta main sur ma jambe
Celle qu'il ne fallait pas toucher

[...]

Le temps s'amortit et je tombe
D'où est-ce
Que je suis montée
J'ai tout changé
Et trop chanté
J'ai tout dit
Vous êtes sans vie
Je vous l'ai dit
Sans vie
C'est nulle part partout pour vous
Qui étiez-vous
Après tout ?

**Mathieu Gallant 1981**
*Sans attendre la pluie*, 2007

[...]

cesser
d'arpenter
collines
et vallées
ne plus
se faire
boussole
cherchant
en vain
le nord


faire
cale sèche
tourner
en rond
faire
le saut
décisif
se hisser
au ciel


croiser
en chemin
des légions
de sirènes
perdues

à mi-regret
entre les
murmures
des prières
marcher
sur l'eau
en fixant
toujours
le ciel


faire corps
avec le ciel
assécher
tout regret
imbiber
l'évanescence
des amours
mondaines


accepter
de traverser
humblement
le désert
sans attendre
la pluie

## Sarah Marilou Brideau 1983
*Rues étrangères*, 2004

*Je voudrais te faire un film 2*

Je voudrais te faire un film
y mettre mon Acadie
mon Équateur
ma poésie
tous les moments fous
tous les voyages
même les petits *road trips*
y glisser mes émotions
la pensée qui ne se métamorphose
jamais en paroles
ou en écrit
je voudrais te les envoyer
en cartes postales quotidiennes
t'envoyer les senteurs
les bouts de conversations
le monde et les rencontres
comme un immense combo
mettre un *seal* sur le moment
pour s'assurer qu'il ne se perde pas
et pour le partager avec toi

## Et du vide

Je suis confuse

Prends-moi dans tes bras
emporte-moi avec toi
loin de la séparation
et du vide de la ville sans toi

Laisse la fumée s'échapper
expire
inspire
l'air qui flotte autour de ma peau
et du vide
qu'est ma chaleur sans la tienne

## Contretemps

Les contretemps
les *off beats*
*irregular heartbeats*
les choses finissent toujours par arriver
malgré les contretemps

*Slow tempo*
les croches et les silences
prennent bien leur temps

## Remerciements

L'éditeur désire exprimer sa reconnaissance aux Écrits des Forges et aux Éditions L'Interligne qui lui ont permis de reproduire des poèmes de Herménégilde Chiasson, de Gérald Leblanc et de Serge Patrice Thibodeau.

## Notices biographiques

**Anonyme.** Selon la tradition, ce cantique du 18ᵉ siècle serait l'un de ceux chantés par les Acadiens et Acadiennes de Grand-Pré en embarquant sur les bateaux lors de la Déportation de 1755. La soprano Suzie LeBlanc l'a enregistré sur disque en 2007 (Atma).

**Guy Arsenault** est né à Moncton (NB) en 1954, dans le quartier acadien de Parkton. Peintre et poète, il a marqué la poésie acadienne avec son recueil *Acadie Rock*, paru en 1973 aux Éditions d'Acadie et réédité en 1994 aux Éditions Perce-Neige.

**Jean Arceneaux** (pseudonyme de Barry Jean Ancelet) est né en 1951 à la Pointe-de-l'Église, en Louisiane. Il est professeur à l'Université de la Louisiane à Lafayette, où il est spécialiste du folklore cadien et créole.

**Marc Arseneau** est né à Moncton en 1971. Il a publié trois recueils aux Éditions Perce-Neige en plus d'avoir dirigé la revue de poésie *Éloizes*. Il enseigne le français au Cap Breton (NÉ).

**Paul Bossé** est né à Moncton en 1971. Il est l'auteur de trois recueils de poésie et de textes écrits pour le cinéma, le théâtre et la radio. Homme de scène, il est reconnu pour ses performances déjantées.

**Eddy Boudreau** est né en 1914 à Petit-Rocher (NB) et il est décédé à Québec en 1954 suite à une longue maladie. Poète et journaliste, il est le premier Acadien connu à avoir manifesté par écrit son ambition de devenir un écrivain. Il a publié deux recueils de textes en vers et en prose (*La Vie en Croix*, 1948, et *Vers le triomphe*, 1950). La majorité de ses poèmes ont été publiés sous le titre *L'arbre vaincu* en 2004 aux Éditions Perce-Neige, dans la collection Mémoire.

**Sarah Marilou Brideau** est née en 1983 dans la Péninsule acadienne (NB) et elle a passé son adolescence à Moncton. Étudiante à l'université, elle est la benjamine de la poésie acadienne contemporaine.

**Christian Brun** est né en 1970 et il a grandi à Cormier-Village, au Sud-Est du Nouveau-Brunswick. Peintre et poète, il a été coopérant au Mozambique et il travaille présentement à l'Union des pêcheurs des Maritimes.

**Herménégilde Chiasson** est né à Saint-Simon (NB) en 1946. Poète, essayiste, cinéaste, artiste visuel et auteur dramatique, cet artiste multidisciplinaire a été nommé lieutenant-gouverneur de la province du Nouveau-Brunswick en 2003. Il a reçu le Prix du Gouverneur général du Canada en 1999 pour *Conversations* (Édition d'Acadie).

**Deborah J. Clifton** est née 1948 dans l'état américain de l'Ohio. Diplômée en linguistique anthropologique, elle est établie en Louisiane.

**Fredric Gary Comeau** est né à Robertville (NB) en 1970. Poète et auteur-compositeur-interprète, il a publié une dizaine de recueils de poésie et il a enregistré quatre disques de chansons en français et en anglais.

**Éric Cormier** est né à Robertville (NB) en 1979. Il a publié quatre recueils de poésie et il a aussi écrit pour le cinéma.

**France Daigle** est née à Dieppe (NB) en 1953. Romancière reconnue, elle a publié toute sa poésie en revues ou dans des collectifs.

**Ronald Després** est né en 1935 à Lewisville, près de Moncton. Journaliste et traducteur, il a publié un roman en 1962 et sa poésie a été rassemblée en 1974 sous le titre *Paysage en contrebande à la frontière du songe* (Édition d'Acadie).

**Daniel Dugas** est né à Montréal (QC) en 1959. Artiste multidisciplinaire, il a publié cinq recueils de poésie.

**Jean-Marc Dugas** est né à Montréal (QC) en 1957 et il a publié *Notes d'un Maritimer à Marie-la-Mer* en 1993. Il a exercé plusieurs métiers en plus d'avoir animé une populaire émission de télévision.

**Marie-Claire Dugas** est née à Montréal (QC) en 1960. Formée en études cinématographiques, elle a publié *Le pont de verre* en 2003.

**Léonard Forest** est né à Chelsea, au Massachusetts (ÉUA) en 1928. Il a grandi à Moncton (NB) et il s'est distingué au cinéma en réalisant de nombreux films en plus d'avoir été l'un des pionniers du cinéma de langue française à l'Office national du film du Canada (ONF). Sa poésie a été rassemblée sous le titre *Le pommier d'aout* aux Éditions Perce-Neige, dans la collection Mémoire.

**Mathieu Gallant** est né à Montréal (QC) en 1981. Il poursuit des études de philosophie, entre autres, tout en étant musicien et en participant activement à des projets écologistes.

**Melvin Gallant** est né en 1932 à Urbainville, à l'Île-du-Prince-Édouard. Professeur de littérature à l'Université de Moncton, il a joué un rôle important au début des activités des Éditions d'Acadie et des Éditions Perce-Neige. Poète et romancier, il profite de sa retraite pour écrire des contes et des livres pour la jeunesse.

**Judith Hamel** est née au Québec en 1964 et elle est décédée à Moncton en 2005. Elle a participée à la fondation et à l'expansion de Bouton d'Or Acadie, l'unique maison de littérature jeunesse de langue française dans les provinces canadiennes de l'Atlantique. Elle a publié deux recueils de poésie et des livres pour les jeunes, dont plusieurs sont traduits en langues étrangères.

**Hélène Harbec** est née dans la ville de Québec en 1946 et elle vit à Moncton depuis 1970. Elle a publié des recueils de poésie et un roman, *Les voiliers blancs*, paru en 2004 aux Éditions Perce-Neige, dans la collection Prose.

**Brigitte Harrison** est née à Montréal en 1968 et elle a grandi en Gaspésie avant de s'installer au Nouveau-Brunswick. Après avoir étudié le théâtre et la philosophie, elle a exercé divers métiers et elle se consacre maintenant à l'écriture. Elle est l'auteure de deux recueils de poésie.

**Glen Charles Landry** est né en 1975 à Saint-François-de-Madawaska (NB). Diplômé en scénographie de l'École nationale de théâtre du Canada, il est l'auteur de textes dramatiques produits par le Théâtre français de Toronto.

**Napoléon Landry** est né en 1884 à Memramcook (NB), un village qualifié de Berceau de la renaissance acadienne. Doyen de la poésie acadienne, il a été ordonné prêtre en 1914 et il est mort accidentellement à Moncton en 1956. Il a reçu le Prix de la langue française de l'Académie française en 1955. Une somme de ses poèmes a paru en 2005 dans la collection Mémoire sous le titre de *Poèmes acadiens*.

**Ulysse Landry** est né à Cap-Pelé en 1950 et il est décédé à Moncton en 2008. Il était musicien, compositeur, romancier et poète.

**François-Moïse Lanteigne** est né à Caraquet en 1885 et il est décédé en 1964. Il a été ordonné prêtre en 1911. Il a publié *Lyre d'Acadie* et *L'Odyssée acadienne* aux Éditions Fides en 1951 et 1955.

**Daniel Omer LeBlanc** est né à Moncton en 1968. Après des études en cinéma, il se consacre à la musique et surtout au dessin animé et à la bande dessinée. Il est le créateur du très populaire personnage de *Acadieman*, « *le first superhero* acadien ». Il a publié deux recueils de poésie.

**Gérald Leblanc** est né à Bouctouche (NB) en 1945 et il est décédé à Moncton en 2005. Il a été le parolier du célèbre groupe folk-rock *1755* avant de publier ses premiers recueils de poésie. Il a été très actif dans le milieu artistique de Moncton et il s'est consacré au développement et au rayonnement des Éditions Perce-Neige, où il a assuré la direction littéraire pendant de nombreuses années. Un prix de poésie a été créé en son nom par l'association La Nouvelle Pléiade, à Paris.

**Georgette LeBlanc** est née en 1977 à Pointe-de-l'Église, dans la région de la Baie Sainte-Marie, en Nouvelle-Écosse. Danseuse et comédienne, elle a connu un succès spectaculaire avec son premier recueil, *Alma*, qui a obtenu, entre autres, le prix Félix-Leclerc. Elle vit à Lima, au Pérou.

**Mario LeBlanc** est né à Moncton en 1977. Auteur-compositeur-interprète connu sous le nom de « Fayo », il a enregistré deux disques de chansons et il est très présent dans les festivals de musique un peu partout dans la Francophonie.

**Raymond Guy LeBlanc** est né en 1945 à Saint-Anselme (NB). Surnommé « le père de la poésie acadienne contemporaine », son recueil *Cri de terre* est considéré à juste titre comme étant l'un des livres marquants de la littérature acadienne. Une rétrospective de son œuvre poétique a été publiée en 2005 sous le titre *Archives de la présence*, dans la collection Mémoire.

**Dyane Léger** est née à Notre-Dame-de-Kent (NB) en 1955. Artiste visuelle et poète, son premier recueil de poésie, *Graines de fées*, a été le premier titre a paraitre aux Éditions Perce-Neige en 1980. Elle se consacre entièrement à la peinture et à l'écriture.

**Ronald Léger** est né à Moncton en 1952. Il a publié trois recueils de poésie pataphysique aux Éditions Perce-Neige. Il enseigne l'anglais à Trois-Rivières (QC) depuis de nombreuses années.

**Cindy Morais** est née au Nouveau-Brunswick en 1979 et elle a fait paraitre des textes dans des revues avant de publier un premier recueil intitulé *Zizanie*.

**Stéphanie Morris** est née en 1979 à Petit-Rocher (NB). Auteure-compositeure-interpète, elle a publié un premier recueil intitulé *Le risque des rêves*.

**Rino Morin Rossignol** est né en 1950 à Saint-Basile (NB) et il a publié trois recueils de poésie, un roman, du théâtre et des essais. Il est chroniqueur au quotidien *L'Acadie nouvelle*.

**André Muise** est né en 1975 à Quinan, dans le sud-ouest de la Nouvelle-Écosse. Il a pratiqué le journalisme et le graphisme et il a fait des études à l'Université de la Louisiane à Lafayette. Il a publié *La falaise à la fin des marées* en 2002. Il vit présentement en Belgique.

**Annick Perrot-Bishop** est née au Vietnam en 1945 et elle habite à Terre-Neuve-et-Labrador. Elle a publié un roman, de la poésie et des nouvelles.

**Robert Pichette** est né à Edmundston (NB) en 1936. Il a été sous-ministre dans le gouvernement néobrunswickois de Louis. J. Robichaud. Journaliste et écrivain, il a publié d'innombrables essais, chroniques, éditoriaux et commentaires dans divers livres, journaux et périodiques. Il est aussi l'auteur de deux recueils de poésie.

**Jean-Mari Pître** est né en 1971 à Robertville (NB). Journaliste au quotidien *L'Acadie nouvelle*, il a publié en 2009 un premier recueil intitulé *Frère de feu*.

**Martin Pître** est né en 1963 à Robertville (NB) et il est décédé en 1998. Il a fait des études en communication et il a publié un roman et deux recueils de poésie.

**Marc Poirier** est né à Moncton en 1973. Il a été le chanteur principal du groupe *Zéro° Celsius* et il fait maintenant carrière comme auteur-compositeur-interprète sous le nom de Joseph Edgar. Il a publié un recueil de poésie aux Éditions Perce-Neige.

**Jean-Philippe Raîche** est né en 1971 à Petit-Rocher (NB). Il vit à Paris depuis 1996 où il est responsable du livre au Centre culturel canadien. Membre fondateur de La Nouvelle Pléiade, il a reçu le prix Aliénor et le prix Louise-Labé en 2008 pour son recueil *Ne réveillez pas l'amour avant qu'elle ne le veuille*.

**Maurice Raymond** est né en 1954 à Campbellton (NB). Professeur de littérature à l'Université de Moncton, il a publié deux recueils de poésie en plus d'être l'auteur d'une thèse consacrée à l'œuvre de Ronald Després.

**Zachary Richard** est né en 1950 à Lafayette, en Louisiane (ÉUA). Auteur-compositeur-interprète, ce chanteur et poète est surtout connu pour ses nombreux disques qui ont fait de lui une figure emblématique de la culture cadienne. Il a aussi produit une série de documentaires pour la télévision de la Société Radio-Canada.

**Christian Roy** est né en 1979 à Robertville (NB). Traducteur de formation, il a publié quatre recueils de poésie aux Éditions Perce-Neige.

**Roméo Savoie** est né en 1927 à Moncton. Artiste visuel renommé et architecte de talent, il a publié cinq recueils de poésie.

**Mario Thériault** est né en 1962 à Baie Sainte-Anne (NB). Il a publié deux recueils de poésie et un recueil de nouvelles aux Éditions Perce-Neige. Il a été l'un des fondateurs du Festival littéraire international Frye, à Moncton.

**Serge Patrice Thibodeau** est né en 1959 à Rivière-Verte (NB). Poète, essayiste et auteur de récits de voyage, il a publié plus d'une quinzaine d'ouvrages. Il est le directeur littéraire des Éditions Perce-Neige depuis 2005. Poète plusieurs fois primé, il a reçu entre autres le prix Émile-Nelligan en 1993, le Grand prix du Festival international de poésie de Trois-Rivières en 1996 et le Prix du Gouverneur général du Canada en 1996 et 2007.

# Table

*La poésie acadienne au 21ᵉ siècle* .................................................................. 7
*Écrire, combattre* ........................................................................................ 17
*In Memoriam* ............................................................................................. 19

Anonyme c. 18ᵉ siècle ................................................................................. 21
Napoléon Landry 1884-1956 ...................................................................... 23
François-Moïse Lanteigne 1885-1964 ....................................................... 27
Eddy Boudreau 1914-1954 .......................................................................... 31
Roméo Savoie 1927 .................................................................................... 35
Léonard Forest 1928 .................................................................................. 40
Melvin Gallant 1932 ................................................................................... 49
Ronald Després ........................................................................................... 51
Robert Pichette 1936 .................................................................................. 59
Annick Perrot-Bishop 1945 ........................................................................ 61
Raymond Guy LeBlanc 1945 ...................................................................... 63
Gérald Leblanc 1945-2005 ......................................................................... 71
Herménégilde Chiasson 1946 ..................................................................... 84
Hélène Harbec 1946 ................................................................................... 97
Deborah J. Clifton 1948 ............................................................................ 103
Ulysse Landry 1950-2008 ......................................................................... 110
Zachary Richard 1950 ............................................................................... 116
Rino Morin Rossignol 1950 ...................................................................... 121
Jean Arceneaux 1951 ................................................................................ 126
Ronald Léger 1952 .................................................................................... 135
France Daigle 1953 ................................................................................... 143
Guy Arsenault 1954 .................................................................................. 150
Maurice Raymond 1954 ............................................................................ 158
Dyane Léger 1955 ..................................................................................... 161
Jean-Marc Dugas 1957 .............................................................................. 167

Daniel Dugas 1959 .................................................................................. 169
Serge Patrice Thibodeau 1959 ............................................................ 174
Marie-Claire Dugas 1960 ..................................................................... 184
Mario Thériault 1962 ............................................................................. 188
Martin Pître 1963-1998 ......................................................................... 192
Judith Hamel 1964-2005 ...................................................................... 198
Daniel Omer LeBlanc 1968 .................................................................. 202
Brigitte Harrison 1968 ........................................................................... 206
Fredric Gary Comeau 1970 .................................................................. 210
Christian Brun 1970 .............................................................................. 216
Marc Arseneau 1971 .............................................................................. 220
Paul Bossé 1971 ....................................................................................... 224
Jean-Mari Pître 1971 .............................................................................. 232
Jean-Philippe Raîche 1971 .................................................................... 235
Marc Poirier 1973 ................................................................................... 244
André Muise 1975 .................................................................................. 246
Glen Charles Landry 1975 .................................................................... 252
Mario LeBlanc 1977 ............................................................................... 254
Georgette LeBlanc 1977 ........................................................................ 256
Éric Cormier 1979 .................................................................................. 265
Cindy Morais 1979 ................................................................................ 271
Christian Roy 1979 ................................................................................ 273
Stéphanie Morris 1979 .......................................................................... 276
Mathieu Gallant 1981 ............................................................................ 278
Sarah Marilou Brideau 1983 ................................................................ 280

*Remerciements* ........................................................................................ 282
*Notices biographiques* ........................................................................... 283

**DANS LA MÊME COLLECTION :**

| | |
|---|---|
| Guy Arsenault | *Jackpot de la pleine lune* |
| Marc Arseneau | *Avec l'idée de l'écho* |
| | *L'Éveil de Lodela* |
| | *À l'antenne des oracles* |
| Claude Beausoleil | *Leçon d'insoumission* |
| | *Le rythme des lieux* |
| | *Fureur de Mexico* |
| Yves Boisvert | *Poèmes de l'avenir* |
| Paul Bossé | *Saint-George/Robinson* |
| | *Averses* |
| | *Un cendrier plein d'ancêtres* |
| Georges Bourgeois | *Les Îles Fidji dans la baie de Cocagne* |
| Huguette Bourgeois | *Les Rumeurs de l'amour* |
| Sarah Marylou Brideau | *Rues étrangères* |
| | *Romanichelle* |
| Christian Brun | *Parade casaque* |
| | *Hucher parmi les bombardes* |
| | *Tremplin* |
| Herménégilde Chiasson | *Parcours* |
| | *Miniatures* |
| | *Vermeer* |
| | *Existences* |
| Fredric Gary Comeau | *Vérités* |
| | *Aubes* |
| | *Naufrages* |
| | *Trajets* |
| | *Ravages* |
| | *Intouchable* |
| | *Stratagèmes de mon impatience* |
| Louis Comeau | *Moosejaw* |
| Éric Cormier | *Coda* |
| | *L'Hymne à l'apocalypse* |
| | *Le Flirt de l'anarchiste* |
| | *À vif tel un circoncis* |
| Daniel Dugas | *La Limite élastique* |
| | *Le Bruit des choses* |
| | *L'Hara-Kiri de Santa-Gougouna* |
| Jean-Marc Dugas | *Notes d'un Maritimer à Marie-la-Mer* |
| Marie-Claire Dugas | *Le Pont de verre* |
| Mathieu Gallant | *Sans attendre la pluie* |
| | *Transe migration* |
| Judith Hamel | *Onze notes changeantes* |
| | *En chair et en eau* |
| Hélène Harbec | *Le tracteur céleste* |
| | *Va* |
| Brigitte Harrison | *Le cirque solitaire* |
| | *L'écran du monde* |
| Anise Koltz | *Chant de refus II* |
| Glen Charles Landry | *Croquis urbains d'un Francorien* |

| | |
|---|---|
| Ulysse Landry | *L'Éclosion* |
| | *L'Espoir de te retrouver* |
| Daniel Omer LeBlanc | *Omégaville* |
| | *Les Ailes de soi* |
| Georgette LeBlanc | *Alma* |
| Gérald Leblanc | *Poèmes new-yorkais* |
| | *Techgnose* |
| | *Le plus clair du temps* |
| | *Je n'en connais pas la fin* |
| | *Éloge du chiac* |
| | *Complaintes du continent* |
| | *Les matins habitables* |
| | *Comme un otage du quotidien* |
| Mario LeBlanc | *Taches de naissance* |
| Monique LeBlanc | *Joanne d'où Laurence* |
| Raymond Guy LeBlanc | *La mer en feu (poèmes 1964 – 1992)* |
| Dyane Léger | *Le Dragon de la dernière heure* |
| | *Comme un boxeur dans une cathédrale* |
| | *Les Anges en transit* |
| | *Graines de fées* |
| Ronald Léger | *Les poissons s'arêtent* |
| | *tachyAcadie* |
| | *Roadkill à 30 kilomètres par seconde* |
| Henry W. Longfellow | *Évangéline* |
| Cindy Morais | *Zizanie* |
| Jean Portante | *Ouvert fermé* |
| Serge Meurant | *Solstices* |
| Rino Morin Rossignol | *Intifada du cœur* |
| Stéphanie Morris | *Le Risque des rêves* |
| André Muise | *La falaise à la fin des marées* |
| Martin Pître | *À s'en mordre les dents* |
| Marc Poirier | *Avant que tout' disparaisse* |
| Bernard Pozier | *Scènes publiques* |
| Jean-Philippe Raîche | *Ne réveillez pas l'amour avant qu'elle ne le veuille* |
| | *Une lettre au bout du monde* |
| Maurice Raymond | *La Soif des ombres* |
| Christian Roy | *Personnes singulières* |
| | *Chroniques d'un mélodramaturge* |
| | *Infarctus parmi les piétons* |
| | *Pile ou face à la vitesse de la lumière* |
| Roméo Savoie | *Une lointaine Irlande* |
| Mario Thériault | *Vendredi Saint* |
| | *Échographie du Nord* |
| Serge Patrice Thibodeau | *Seul on est* |
| | *Que repose* |
| | *Seuils* |
| | *Le roseau* |
| | *Le passage des glaces* |
| Denis Vanier | *L'hôtel brûlé* |
| Collectif | *L'événement Rimbaud* |
| Collectif | *Les cent lignes de notre américanité* |

**COLLECTION PROSE :**

| | |
|---|---|
| Jean Babineau | *Vortex* |
| | *Gîte* |
| | *Bloupe* |
| Lison Beaulieu | *Un thé avec Nathan* |
| Germaine Comeau | *Laville* |
| | *L'été aux puits secs* |
| Hélène Harbec | *Les Voiliers blancs* |
| Ulysse Landry | *La Danse sauvage* |
| | *Sacrée montagne de fou* |
| Gérald Leblanc | *Moncton Mantra* |
| Charles Pelletier | *Étoile filante* |
| Martin Pître | *L'Ennemi que je connais* |
| Camilien Roy | *La Première pluie* |
| Mario Thériault | *Terre sur mer* |
| Serge Patrice Thibodeau | *Lieux cachés* |

**COLLECTION ACADIE TROPICALE :**

| | |
|---|---|
| Jean Arceneaux | *Suite du loup* |
| Deborah Clifton | *À cette heure, la louve* |
| Zachary Richard | *Faire récolte* |

**COLLECTION ESSAIS ET DOCUMENTS :**

| | |
|---|---|
| Léonard Forest | *La jointure du temps* |
| Alain Masson | *Lectures acadiennes* |
| Robert Pichette | *Pichette en pièces détachées* |

**COLLECTION MÉMOIRE :**

| | |
|---|---|
| Guy Arsenault | *Acadie Rock* |
| Eddy Boudreau | *L'Arbre vaincu* |
| Régis Brun | *La Mariecomo* |
| Ronald Després | *Le scalpel ininterrompu* |
| Léonard Forest | *Le pommier d'août* |
| Napoléon Landry | *Poèmes acadiens* |
| Raymond Guy LeBlanc | *Archives de la présence* |
| Rino Morin Rossignol | *Le Pique-nique* |

www.ingramcontent.com/pod-product-compliance
Lightning Source LLC
Chambersburg PA
CBHW050104170426
43198CB00014B/2447